Joan Garriga

Constelar la vida

Joan Garriga

Constelar la vida

Del amor ciego al amor lúcido

En colaboración con David Barba

PAIDÓS

Obra editada en colaboración con Editorial Planeta - España

Bajo el sello editorial PAIDÓS M.R.
Avenida Presidente Masarik núm. 111,
Piso 2, Polanco V Sección, Miguel Hidalgo
C.P. 11560, Ciudad de México
www.planetadelibros.com.mx
www.paidos.com.mx

Primera edición impresa en España: abril de 2024
ISBN: 978-84-233-6494-7

Primera edición en formato epub en México: julio de 2024
ISBN:978-607-569-749-9

Primera edición impresa en México: julio de 2024
Primera reimpresión en México: febrero de 2025
ISBN: 978-607-569-750-5

Impreso en los talleres de Impregráfica Digital, S.A. de C.V.
Av. Coyoacán 100-D, Valle Norte, Benito Juárez
Ciudad de México, C.P. 03103
Impreso en México – *Printed in Mexico*

A Bert Hellinger, algo tuyo se mantiene vivo en mí.
A Gunthard Weber, ser de gran bondad, casi insólita,
riguroso emisario de las constelaciones familiares.
A todos mis alumnos, pacientes y consultantes,
con gratitud por lo que me fue posible aprender
de cada uno.

ÍNDICE

PRÓLOGO

A lo largo de los años, editoriales, colegas y alumnos me han ido pidiendo que escribiera un manual sobre constelaciones familiares. Nunca quise hacerlo. Mis libros son para todos los públicos: no hay en ellos un único propósito didáctico, por mucho que las escuelas de constelaciones los recomienden y los alumnos los usen en su proceso de aprendizaje. Siempre escribí desde la comprensión que me ofreció esta herramienta de trabajo sistémico y relacional, pero sin centrarme exclusivamente en ella. No es mi camino escribir obras canónicas.

Me dicen que tengo buena mano para la fábula, la poesía y la metáfora, y no tanta para la ortodoxia intelectual estructurada. Y estoy contento con ello, pues siempre he creído que el estilo simbólico y evocativo impacta con mayor fuerza en el aprendizaje. Enseñar significa generar una experiencia, y aprender no es solo saber con la cabeza, sino conocer a través de lo experimentado. Hay palabras y libros que generan experiencias de las que se deducen comprensiones, y palabras y libros que señalan un cuerpo de conocimiento que la mente debe asumir. Espero que esta obra, como mis anteriores, pertenezca a la primera categoría. Confío en que desencadenará en el lector momentos de introspección, aprendizaje e interrogación y, en lo posible, procesos de esclarecimiento.

Constelar la vida surge de una suerte de sentido de lo retributivo: uno recibe con una mano y da o entrega con la otra; así funciona la vida. En mayo de 1999, recibimos a Bert Hellinger, creador de las constelaciones familiares, en el Institut Gestalt de Barcelona, marcando así la entrada de su trabajo a España y América Latina. Poco a poco, me sentí llamado a la maravillosa tarea de colaborar en su difusión y enseñanza. La mano con la que recibí sus conocimientos se sintió rebosante, y la otra, la mano de dar, ha tratado de entregar en igual medida a lo recibido, e incluso un poquito más. Recíbase, pues, este libro como un homenaje al maestro Hellinger y a sus enseñanzas, que tanto nos han dado y que cambiaron las vidas de muchas personas, entre ellas la mía.

Creo que honramos a los maestros de la misma manera que a los padres, al dar a los demás, transformando lo que recibimos de ellos a través de nuestra singularidad y nuestra propia forma de entender y procesar lo que aprendemos. Confío, pues, en que este libro sume a lo recibido, lo procesado y digerido, mis propias reflexiones, experiencias y conclusiones después de un cuarto de siglo de trabajo como terapeuta en constelaciones.

Estas páginas también quieren ser un homenaje a Bert como un avatar de la inclusión. Hasta su muerte y más allá, sus enseñanzas y su ejemplo existencial se convirtieron en una llave maestra para abrirnos la puerta de la paz del espíritu. La inclusión, un movimiento de expansión del corazón, significa albergar todo como legítimo: un respeto sagrado hacia la alteridad, hacia la realidad tal como es, hacia todas las partes internas y vivencias que conforman el sí-mismo, la identidad. En su conjunto, esta expansión del corazón me parece la más bella y titánica obra a la que pueda consagrarse una vida y, de paso, la que más nos aporta salud plena en el cuerpo y el alma.

Bert fue muy generoso conmigo. En aquel primer taller, y al terminar la jornada de trabajo, reunimos a un reducido grupo de voluntarios de mi confianza y quiso regalarme una constelación sobre mi familia. Los resultados fueron sorprendentes. Pese a que llevaba ya muchos años trabajando en mis asuntos personales, se abrió ante mí una comprensión totalmente nueva y profunda sobre mi lugar respecto a mis propios padres. Vi cómo, de repente, los parámetros que hasta entonces habían guiado mi vida saltaban por los aires: la narrativa que había construido con relación a mis padres y a mi historia infantil fue radicalmente deconstruida, y me permitía entender la sutileza de mis implicaciones con ellos.

Además, aquella primera constelación me ofreció un movimiento de solución y de salud que implicó integrar la figura paterna como fuente de amparo y fortaleza. Esta experiencia se convirtió en una revolución interior que incluso alivió ciertas tensiones corporales que había experimentado desde siempre. A nivel profesional, también desató cambios: me empujó a colaborar y a formar parte del camino de las constelaciones. De alguna manera, se había consumado mi destino.

Hellinger encarnaba a la perfección distintos arquetipos importantes para el oficio de ayudador: el del amante que experimenta benevolencia y compasión; el del guerrero que muestra impecabilidad, confronta y no se arredra ante lo temible; el del chamán que conoce el lenguaje de las profundidades; el del monje que frecuenta el ser más que el parecer; el del rey que bendice y otorga... Investido por este último arquetipo, me dijo: «Ya que no hablas inglés con fluidez, tu tarea será para el mundo hispano». Como los buenos maestros, Bert Hellinger sabía impulsar el desarrollo de sus discípulos, sembrando semillas de crecimiento y futuro. Sus palabras resonaron en mí como si me hubiera encomendado una misión, la cual siento haber cumplido con creces. Fue, sin duda, premonitorio, pues llevo años de frecuentes viajes profesionales en los que imparto enseñanzas y terapia en talleres en casi todos los países de habla hispana y portuguesa.

En su arquetipo del guerrero, Bert siempre mostró una impecabilidad absoluta: se dejaba guiar por un saber interior sin vacilación. En cierta ocasión, le pidió a un periodista que grabara la entrevista porque intuyó en aquella persona, muy acertadamente, una gran capacidad de inventiva y adorno, y exigió que solo aparecieran frases literales suyas. Se tardó un buen rato en conseguir la grabadora, pues aún no estaban en uso los smartphones, y solo después comenzó la conversación. Una vez más, se mantuvo impecablemente en su lugar. En otro momento le pregunté qué opinaba acerca de algún tema que ya no recuerdo y su respuesta me desarmó: «Yo no pienso, solo siento». Con ello, dejó que asomara el arquetipo del mago o chamán, que tan profundamente encarnaba.

Este libro, posiblemente el que más esfuerzo me ha llevado hasta el momento, proviene de una serie de entrevistas con público en las que mi amigo David Barba, periodista, editor y terapeuta, se empleó a fondo para extraerme las ideas esenciales de las constelaciones familiares, así como las mías propias, en muchas direcciones y sentidos: la teoría, la actitud del terapeuta, la relación terapéutica, la práctica del método, la filosofía de fondo y las ideas de referencia, lo fenomenológico y sistémico, la espiritualidad, el amor ciego y el amor lúcido, el nexo entre vivos y muertos, y un largo etcétera.

En cierto modo, este libro también tiene un carácter coral, ya que, al contar con la presencia de un público, las personas que acudieron estimularon las entrevistas con sus preguntas y con enriquecedoras reflexiones. Así, se formó un magma inicial que necesitó de un largo trabajo de selección y edición para darle un cierto orden y concierto. Después de las horas dedicadas, tanto por parte de David como por la mía, esperamos haberlo conseguido sin que la edición le haya restado al libro la espontaneidad, frescura y coloquialidad con que discurrieron nuestras conversaciones. Confío en que algunos encuentren un valor en el tono poco estructurado de estas páginas, en su falta de dogmatismo y en su invitación constante a reflexionar sobre asuntos clave relacionados con la ayuda, la vida, el sentido, la existencia, el amor y las relaciones. De este modo, cada capítulo puede ser leído con independencia de los otros, aunque el libro completa su sentido en conjunto.

También espero que estas páginas sean recibidas como mi pequeña y sencilla contribución al creativo universo de las constelaciones, como un enfoque de ayuda terapéutica y psicoespiritual con su trasfondo filosófico. Entendamos la ayuda no solo en el ámbito clínico personal y familiar, sino en un sentido más amplio y abarcador. Esta metodología es aplicable a todo campo de naturaleza relacional: la salud, la educación, el trabajo social, el ámbito jurídico y del derecho, el mundo empresarial, organizacional y asociativo, el político y el de los conflictos en general, sean de la naturaleza que sean, y su mediación. Aunque me he centrado sobre todo en la matriz central de los vínculos familiares y el guion de vida de cada persona, sin adentrarme en los pormenores de estos campos específicos, quiero hacer constar expresamente que esta metodología es extrapolable y aplicable en cada uno de ellos. Como herramienta, es útil ahí donde se perfila toda tensión, problema o sufrimiento que necesite ser abordado y superado, para que prevalezca el natural estado de dignidad y amor que yace en todo ser humano, por muy sepultado o escondido que se encuentre. Las constelaciones atesoran la potencialidad de hacer visibles las tramas ocultas que rigen el devenir de las personas y de los grupos, y de generar cambios en ellas y en ellos.

Además de dedicar este trabajo a Bert Hellinger, también se lo dedico —y estoy seguro de que él se alegraría— a todas las personas que, en su rol de pacientes, alumnos y consultantes, me confiaron su intimidad y su dolor durante tantos años de ejercicio profesional como formador y como terapeuta. Con este depósito de confianza, pude acompañarlos en el desarrollo de sus bendiciones y de sus asombrosos talentos, pero también de sus tormentas vitales, heridas y atolladeros del alma. Agradezco como un regalo especial cada uno de los muchos encuentros que fueron posibles y el aprendizaje que me brindaron.

Ojalá que este libro aporte a todos los lectores buenos auspicios de futuro y de vida, y a los profesionales de la terapia, semillas que sumen en el bello arte y oficio de la ayuda.

I

EL LABERINTO DE LA VIDA

La importancia de los vínculos y la mente sistémica

> Debes albergar el caos dentro de ti para dar a luz a una estrella danzante.
>
> F. Nietzsche

«¿Sabes por qué me alimento de raíces?», pregunta sor María a Jep Gambardella en una conocida escena de la película *La gran belleza*, de Paolo Sorrentino. «No, ¿por qué?», responde Jep. «Porque las raíces son importantes.»

Jep, un hombre de sesenta y cinco años, se sume en una búsqueda de sentido que lo deja sin respuestas. Sor María, una santa centenaria y muy humilde que siempre ha vivido entre los pobres, lo orienta en la dirección correcta: para encontrarse a sí mismo debe asumir sus orígenes, su pasado, su fuente espiritual, y también los sentimientos, las pérdidas, las ausencias, los fracasos y el paso del tiempo. Sobre todo, necesita volver a encontrar sus raíces y expresarles un profundo sentimiento de gratitud.

Traduzcamos ahora «raíces» por «vínculos». Aunque no son exactamente lo mismo, toda raíz nos da apoyo a la vez que nos entrelaza y conecta, es decir, nos vincula. ¿Por qué son tan importantes los vínculos y las raíces? ¿Cómo nos sostienen y nos dan vida, y cómo su ausencia o su negación nos hace sufrir tan amargamente? En otras palabras: ¿de qué manera nos ayudan a convertirnos en lo que realmente somos? ¿Por qué es tan importante la paz y la gratitud en ellos? Trataré de responder a estas preguntas ampliamente a lo largo del libro.

Las constelaciones nos muestran que, a pesar de nuestro desamparo existencial, las raíces que nos conectan con nuestros padres, abuelos, bisabuelos, con nuestra historia pasada, siguen presentes bajo nuestros pies. Hemos heredado innumerables experiencias de sobrevivencia y desarrollo. Uno puede estar viviendo en la isla más perdida posible, en la mayor soledad, y al mismo tiempo, dentro de sí, seguirán vivos muchos anteriores significativos.

Una realidad innegable es que somos muchos. Pertenecemos ciegamente a esta multitud, a esta comunidad, aunque en nuestro día a día a veces nos sintamos distantes o separados. Los vínculos son la unidad básica de la vida, y el intercambio entre el dar y el recibir constituye sus nutrientes y vitaminas. Los vínculos forman la materia prima en el trabajo de las constelaciones. A través de la representación de sistemas familiares y otras relaciones humanas (como las amorosas, de pareja, profesionales, empresariales, espirituales, políticas o comunitarias), podemos observar, analizar e intervenir en los nudos y dinámicas, adversidades y malestares, logros y bendiciones que las personas experimentan a lo largo de la vida en el seno de ese «nosotros». ¿Y qué es exactamente el nosotros? Los sistemas vinculares, una expresión tan necesaria como hermosa de la vida que requiere ser cuidada, entendida y alimentada. Solo así podremos gozar de bienestar y de una buena salud, no únicamente individual, sino también colectiva.

Llegar a ser lo que se es

La vida es un hermoso don que todos tenemos en nuestras manos. Estar vivos tiene por objeto experimentar la vida sin más. Una propuesta preciosa, o muchos la consideramos así, consiste en tomar la vida como un viaje, como un itinerario de evolución personal e incluso espiritual. El regalo se convierte de esta manera en un desafío interesante y auspicioso.

El célebre mitólogo Joseph Campbell, quien descubrió un esquema narrativo común a muchas culturas y tradiciones al que denominó *monomito*, se refirió a la vida como un viaje heroico en el que recorremos un camino que nos lleva a morir a lo viejo y a renacer a lo nuevo una y otra vez a lo largo de nuestros pasos vitales. Siguiendo la llamada de la aventura, abandonamos nuestra vida rutinaria, nos enfrentamos a peligros y oponentes, hallamos guías y aliados, experimentamos la muerte simbólica y renacemos. Todos esos movimientos en la senda de la vida destilan la ambrosía de la conciencia, el servicio a los demás y el regocijo de llegar a casa, es decir, al ser interior desprovisto de ropajes.

El filósofo Friedrich Nietzsche destacó el concepto de «llegar a ser lo que se es» como uno de los nortes de la existencia. «Ser lo que se es», es decir, ser el héroe de tu propia vida, significa en primer lugar reconocer el propio sentir y las propias necesidades vitales. Luego, implica ganar conciencia y audacia para afirmarlas en la vida y, finalmente, alcanzar un estado de humildad en el que se vislumbra una fuerza mayor. En este punto, la persona aprende a servir a la vida con sus propios dones singulares, lo que gradualmente disuelve su egoísmo y la recua de identidades falsas. Así, uno comienza a desprenderse de sus viejas pieles, muriendo un poco a su ego, y renace al sentido del tú y del nosotros.

Desde esta perspectiva, «llegar a ser» significa alcanzar el ser más allá de sus formas, pasar de una mente apropiativa a una mente apreciativa y celebrativa. Es un viaje desde el universo propio del ego, caracterizado por el ensimismamiento, al universo de lo común, cruzando desde la orilla en la que uno usa la vida para sus únicos intereses hasta la orilla donde uno se deja atravesar por una transformación que le lleva a convertirse en un servidor de las fuerzas de la vida. Como dijo William Blake: «Todo lo que vive no vive solo, ni para sí mismo».

El viaje de la vida

Existe una famosa canción de los Beatles, *Strawberry Fields Forever*, cuya letra dice: «Vivir es fácil con los ojos cerrados». Tener los ojos cerrados equivale a estar dormidos, a no querer ver, a deambular desconectados de nosotros mismos. Más adelante hablaremos del amor ciego y del sufrimiento que ocasiona no querer ver y no integrar lo que vemos.

La ceguera se contrapone a la lucidez, a abrir los ojos, e impide también la visión clara de la propia interioridad y de la realidad, ingrediente fundamental en el viaje de la vida. Abandonar la caverna y dejar atrás la fascinación que proyectan las sombras en las paredes, como sugería Platón, nos insta a volvernos cada vez más lúcidos. El viaje de la vida está repleto de retos que nos interpelan, nos confrontan y nos obligan a mirarnos a nosotros mismos, sobre todo a través de las desarmonías o tensiones en nuestros vínculos. Si abandonamos la comodidad de vivir adormecidos y aceptamos las llamadas a despojarnos de esas versiones caducas de nosotros mismos, pronto nos veremos impelidos al autoconocimiento, a abrir los ojos incluso ante lo que parece invisible, y accederemos a la prescripción órfica del autoconocimiento. Conocer qué, cómo, con quién y sobre todo quiénes somos se convertirá en una de las principales tareas de nuestra existencia.

Como decía al principio, los grandes asuntos universales y nucleares en todo viaje de la vida son las raíces: los vínculos y las relaciones, el amor, la sexualidad, la muerte, la enfermedad, el misterio, la belleza, los dones, el intercambio. A pesar de que se presenten en diversas apariencias y situaciones, todos comparten una raíz común y recurrente: la conexión con uno mismo, con los otros y con lo otro. Siempre se trata de la conexión, el vínculo, la relación, el enlace, ya sea con el amor o el dolor. Como mamíferos, vivimos en la conexión con nuestros semejantes, en la necesidad de los demás, en una inevitable dependencia mutua o, si se prefiere, en la interdependencia o en el *interser*, como diría el monje y poeta Thich Nhat Hahn.

La concreción de estos grandes asuntos, aun compartiendo ese ladrillo común de lo vincular, presenta una complejidad extraordinaria y conlleva una serie de preguntas inexorables, que son retos existenciales: de dónde venimos, incluyendo a nuestros padres y familia, cuál es el sentido de la vida, cómo realizarnos en el periodo acotado de tiempo que tenemos por vivir, a quiénes amamos, cómo expresar nuestra intimidad y nuestra sexualidad, la creación, el amor, el desamor, la maternidad o paternidad, la hermandad, el nexo con uno mismo, la soledad, la enfermedad o los límites.

El vínculo con nuestros padres es la matriz primaria donde se cuece ese ladrillo, un caldero alquímico que alumbra muchos aspectos que más tarde forman el grueso de nuestro guion de vida y donde se macera nuestro estilo de apego a los demás, con nuestras defensas y nuestras heridas. Al referirnos a los padres, es fundamental comprender el sistema que los abarca, ya que con ellos, y en ellos, se manifiestan muchos otros: sus propios padres, abuelos, bisabuelos y un inmenso árbol genealógico que ha tenido éxito en crear vida y perpetuarla.

En el trabajo de constelaciones familiares, abrir los ojos equivale a abrirse a la vida. En este proceso se hace evidente que los sentimientos y las vivencias de nuestros padres, abuelos y otros anteriores tienen una influencia profunda en nosotros, puesto que a través de ellos fluye la savia ancestral de nuestro propio árbol genealógico. Abrir los ojos significa también ganar consciencia de las dinámicas que operan en este gran árbol, lo que a su vez nos brinda libertad. Saber de dónde venimos, cuáles son los asuntos clave de nuestra genealogía, los secretos de nuestro sistema familiar, las heridas que sufrieron nuestros anteriores y no supieron o quisieron mirar, o trataron de encubrir para que no dolieran, nos sitúa en una nueva conciencia más amplia y profunda que habrá de fortalecernos y ampararnos, y que tendrá un efecto evidente en nuestra predisposición a nutrirnos de vida y a recibir sus frutos.

Desbrozar la maleza de nuestro pasado

Todos los seres humanos somos una historia de éxito de nuestros anteriores y, de alguna manera, también de la sociedad en la que vivimos. No obstante, muchas veces se trata de un éxito relativo, ya que los modos sociales introyectados a menudo resultan opuestos a nuestra naturaleza y, en cambio, acordes a nuestra locura. Basta con observar el individualismo galopante actual, el liberalismo competitivo que aboca a la vergüenza social a muchas personas, la soledad e incertidumbre cada día mayores, la codicia, la competencia, el vacío interior, el estilo de vida consumista, las adicciones y las distracciones. Todo ello opera como estimulante indudable de mala salud mental, angustia, depresión, ansiedad y energía de muerte.

Pero más allá de introyectos y condicionantes culturales, sigue siendo obvio que es en el propio árbol genealógico «donde mejor canta un pájaro», tal como nos recuerda el libro de Alejandro Jodorowsky que lleva justo ese título. A lo largo de la historia familiar, se suceden innumerables acontecimientos que tienen un efecto benéfico, infundiendo fuerza, amparo y prosperidad, así como otros que dejan una huella de contracción, dolor y adversidad. El simple hecho de estar vivos, sentir esperanza y confiar en que la vida vale la pena, y que nos espera más goce que angustia, constituye un antídoto esencial frente al quiebre de la mente.

El sistema familiar del que venimos ha debido lidiar con una diversidad de escenarios complejos, incluyendo situaciones de vida y muerte. Algunas de ellas se convirtieron en formas de energía expansiva que nos guían, nos fortalecen y que están presentes en nosotros a través de nuestros padres. Otras han dado como resultado problemas y conflictos heredados, que se han transmitido a través de silencios y traumas no resueltos por nuestros mayores.

En consecuencia, explorar nuestras raíces se convierte en un asunto fundamental en el viaje de la vida. Al desbrozar la maleza de nuestro pasado y arrojar luz sobre las sombras de quienes nos precedieron, completamos el puzle de la historia familiar. Este proceso no solo aumenta nuestra conciencia y libertad, sino que también nos permite liberar a nuestros descendientes de las cargas familiares que podrían heredar, brindándoles una mayor ligereza en el inicio de la vida.

Muchas personas suelen tener fijada su energía psíquica y emocional en el pasado del cual proceden: miran hacia la infancia, hacia lo que fue, en lugar de hacia lo que es o será. Se quedan ancladas en un ayer que no se ha procesado, que dolió tanto que no se puede mirar, como si fuese una especie de Medusa que nos petrifica. Todo ello queda escrito en el cuerpo, pues «el cuerpo lleva la cuenta», como reza el título de un célebre libro del psiquiatra Bessel van der Kolk, especialista en trauma. Pero la vida no se orienta hacia el pasado, sino hacia el futuro, y en un sentido más amplio, la vida es ahora, en este preciso instante. Se dice que cada instante contiene la eternidad, y los que son agraciados o bendecidos por la bienaventuranza de vivir en el ahora son más felices, más dichosos, como los niños, que son capaces de sumergirse en el estricto presente.

A veces, la gran red de los que llegaron antes que nosotros, incluyendo los nacidos y los no nacidos, los muertos en circunstancias trágicas, los excluidos, los «locos», los adictos, los que fueron mantenidos en secreto y todas las piezas faltantes del puzle, ejerce una enorme influencia que nos atrapa y nos confunde sin que lo sepamos. Entonces, los vínculos se convierten en las paredes de un laberinto que nos encierra en el pasado. En las familias, las exclusiones impactan de manera dolorosa, como veremos más adelante, y los excluidos tienden a ser representados por alguno de los posteriores, de tal modo que estos quedan atados a un rol que no les corresponde. ¿Puede haber un trabajo de conciencia más urgente que liberarnos de tales cargas y liberar, de paso, a quienes nos siguen?

Darnos a luz como estrellas danzantes

Atrevernos a recorrer el viaje de la vida nos ofrece la posibilidad de tomar los dones del árbol genealógico y también sus heridas, incluso de sanar estas últimas a fin de que no puedan gobernar nuestra vida en el presente. Como dijo León Tolstói en su legendario primer párrafo de *Ana Karenina*: «Todas las familias felices se parecen unas a otras, pero las infelices lo son cada una a su manera». Esto ocurre debido a que la exclusión, el secreto, el trauma y el dolor no procesado encuentran caminos increíblemente creativos para enquistarse, como parásitos o toxinas psíquicas, en las ramas de nuestro árbol, alimentándose de su savia ancestral.

La infelicidad de la que hablo, la habilidad del dolor para persistir y para complicarnos la vida, demanda un enfoque que nos permita entenderla y superarla. Así entiendo las constelaciones familiares: como una herramienta de exploración de la felicidad y la infelicidad en las tramas vinculares familiares y relacionales, una fenomenología que nos sirve para adentrarnos en el laberinto de la vida, sus recovecos, sus zonas grises y sus secretos, una dramatización a través de la cual salen a la luz las ataduras y tramas de la infancia y de la familia. Las constelaciones se comportan como un campo de sabiduría y conocimiento, dotado de memoria histórica, y actúan como una llave maestra que puede abrir incluso las puertas que llevan generaciones cerradas, permitiendo que el aire corra por todas las estancias de nuestro sistema familiar.

Por «fenomenología» me refiero a la investigación de los fenómenos tal y como los experimentan las personas, sin encasillarlos en conceptos y diagnósticos. Lo fenomenológico está siempre en movimiento, es vivo, no se deja encerrar en conjeturas o apriorismos. En las constelaciones, exploramos lo que sienten y experimentan las personas en un presente continuo, prestando especial atención a las sensaciones corporales, con un enfoque humanista y gestáltico. Además, es crucial lo que los representantes nos revelan. A través de su representación escénica, podemos desentrañar las tramas ocultas que mantienen y alimentan los problemas, buscando cómo reconducirlos de manera que estimulen procesos de fortaleza y bienestar.

En el viaje de la vida, se nos presentará de vez en cuando el rostro de la adversidad, la cara trémula de la pesadumbre, cruces de caminos donde el alma puede quebrarse o incluso donde asomará el rostro del trastorno clínico, la ansiedad, la depresión, la adicción o la psicosis. Las constelaciones nos brindan un mapa para comprender el sufrimiento, las complejas tramas del dolor y cómo integrar y, en la medida de lo posible, resolver estas aflicciones. A menudo, este proceso se aborda desde una perspectiva espiritual, lo cual es una parte importante del camino hacia la superación del sufrimiento.

Para transformar nuestras aflicciones en lecciones conscientes, es valioso cuestionar el sentido del sufrimiento. Una frase de Eckhart Tolle nos dice: «Necesitas la adversidad para profundizar en la realización». Aceptar el desconsuelo, darle la bienvenida, puede ser beneficioso, ya que tiene el potencial de corregir lo que llamamos ego y su tiranía. Pema Chödron, en su libro *Abrazar lo inabrazable*, define el ego como «todo aquello que se opone a lo que es», que cuestiona la realidad. En este sentido, el infortunio nos purifica, nos libera de algunas de nuestras ilusiones, quema en parte nuestras identidades e identificaciones. Y nos sumerge, con suerte, en un lugar más silencioso, de un mayor contacto con nosotros mismos. El infortunio nos obliga a soltar nuestros apegos, nuestras expectativas, nuestra arrogancia. Tal vez sea entonces cuando más preparados estamos para bailar la danza de la vida, con sus vaivenes, sus fuerzas de expansión o retracción. Parafraseando a Nietzsche, «nos damos a luz como estrellas danzantes» en un dionisiaco sí a la vida.

Adentrarse en el laberinto

Anteriormente, he comparado la vida con un laberinto. En mi libro *La llave de la buena vida*, explico que la vida tiene muchas puertas y que algunas se abren y otras se cierran, motivadas por las propias bifurcaciones, elecciones y enredos de la existencia. Algunas de estas puertas nos llevan a la ganancia, a la suma y a la expansión, mientras que otras nos conducen a la pérdida y la caída y nos obligan a soltar. La vida, que tiene una medida exacta de las cosas, impone un perfecto balance existencial entre ellas: todo lo que ganamos lo perderemos algún día; todo lo que somos, eventualmente, dejaremos de serlo.

Las constelaciones familiares a menudo ofrecen metáforas o mapas de ese laberinto: nos muestran los caminos que nos unen, los que nos separan, los vínculos que se forman cuando una puerta se abre, o que cambian y se distorsionan cuando se cierra. Así, cada sistema familiar tiene algo de laberinto o de embrollo. De la misma manera, cada individuo experimenta su vida como un laberinto, con sus múltiples yoes, sus contradicciones, oposiciones, incongruencias y extravíos.

Muchos de estos yoes nos llevan a disfrazar nuestra verdadera naturaleza para evitar el sufrimiento. Aquí es donde entra en juego la importancia de no perder el hilo, como el que Ariadna le ofrece a Teseo en la leyenda del laberinto de Creta. En la historia, Ariadna se enamora del héroe y le proporciona el hilo para que pueda encontrar la salida del laberinto después de vencer al minotauro. Si bien en algunas culturas el toro se asocia al rostro de lo divino o a lo lunar, en mi opinión el minotauro representa no solo el ego, sino todo lo enfermo y no resuelto en la mente familiar. El hilo simboliza nuestro centro, del que no deberemos extraviarnos, independientemente del camino que tomemos.

En esta metáfora, el laberinto representa el espacio en el que estamos perdidos; ese lugar egoico plagado de sombras, adversidad y fragmentación. El extravío se produce cuando nos convertimos en víctimas de nuestras pasiones, tratando de liberarnos a ciegas del monstruo que nos gobierna o que gobierna tramas del sistema familiar, y cuya insaciable voracidad exige constantemente nuevos sacrificios (en la leyenda del minotauro se sacrifica anualmente a siete doncellas y siete mancebos para aplacarlo). La fenomenología que proponen las constelaciones familiares es una forma de sacar a la bestia del encierro, descubriendo que no era tan fiera como parecía, sino que era alimentada por una narrativa envenenada construida a partir de eventos dolorosos que no se integraron. En realidad, cualquier cosa, por terrible que haya sido, pierde su ferocidad cuando la miramos de frente.

La mente familiar

El sistema familiar puede ser visto también como un laberinto que merece ser explorado: una mente que nos envuelve y nos involucra. Esto no debería sorprendernos, pues todos respiramos la atmósfera común de nuestra familia de origen. La mente familiar se defiende del dolor escindiendo parte de sus vivencias y hechos, especialmente aquellos que son dolorosos, vergonzosos o se consideran una violación de las normas familiares. El olvido, la negación, la ceguera frente a lo sucedido no es una solución, pues en última instancia perpetúan el dolor que tratan de ocultar.

En ocasiones, los desafíos sistémicos se vuelven enigmáticos. Hace poco trabajé con una mujer que sufría episodios de pánico. Cuando una persona afirma sentir pánico, no sabemos de qué fenómeno está hablando exactamente. Uno puede tener una idea general de lo que significa el pánico, pero ignorar cómo lo experimenta la otra persona. Así que insistí: «¿Cómo es el pánico para ti? ¿Cómo lo experimentas en tu cuerpo?». Quería enfocar el trabajo con un poco de espíritu gestáltico, que busca comprender a través de la experiencia que subyace en las palabras, no solo a través de las palabras.

La mujer se resistió al principio, ya que, como es lógico, no quería revivir la sensación de pánico. Sin embargo, al fin compartió: «Experimento el pánico en todo el cuerpo». Esperaba una descripción más específica, como «en el pecho», «en el vientre», «en la cabeza». Mucha gente experimenta el miedo de manera localizada, por ejemplo, en la boca del estómago, o en forma de contracción general. Pero ella dijo exactamente: «Lo experimento en todo el cuerpo, como si fueran pinchazos, como si me pincharan por muchas partes». Al preguntarle desde cuándo experimentaba eso, respondió: «No recuerdo desde cuándo, forma parte del núcleo de mi vida». Era una mujer de origen alemán, y cuando le pedí algo más de información, reveló que su padre había sido soldado en el frente ruso durante la Segunda Guerra Mundial, luego estuvo en un campo de concentración y finalmente regresó a casa ocho años después, tras una larga odisea. También contó que un hermano de su padre y un hermano de su madre habían muerto en la guerra. La mujer nunca había relacionado su pánico con las experiencias traumáticas de su padre y su familia durante la Segunda Guerra Mundial. Los «pinchazos» se parecían mucho a las heridas de metralla que su padre había sufrido a causa de una bomba, dejando su cuerpo lleno de cicatrices. Aquellas heridas eran el laberinto que llevaba consigo.

Parecería que la mente crea compartimentos estancos para el dolor, lo cual no es una estrategia efectiva. En *La sociedad paliativa*, el filósofo Byung Chul Han lo expresa del siguiente modo: «Cada dolor que inesperadamente aparece y es negado, ocultado o anestesiado, se transforma en un cuarto oscuro y frío de nuestro corazón». O de nuestra «alma familiar», podríamos añadir, un concepto que desarrollaremos más adelante.

La labor de las constelaciones consiste en identificar el precioso material que reside en el centro del corazón y se plasma en nuestras conexiones, nuestros vínculos, nuestros amores y nuestros desamores, y observar todo esto con una amplitud lo suficientemente amplia como para albergar toda ganancia y toda pérdida. No se centran en el yo introspectivo, sino que lo integran y, quizá, lo diluyen un poco en la red familiar. Son sistémicas en el sentido de que comprenden que el individuo es en parte una ficción o una función ligada a las relaciones, la familia y la sociedad.

A menudo, deseamos escindirnos de las personas que nos causan dolor, dejarlas de lado, excluirlas. Pero la plena salud se encuentra en la integración, en la palabra *todo* y en la inclusión de «todos». Esto significa que todo lo que me habita tiene derecho a habitarme y es bienvenido porque forma parte de mí. De la misma manera, todos aquellos con quienes coexistimos, todos los que forman parte de nuestro círculo, de esta alma colectiva en la que resonamos unos con otros, tienen el derecho de pertenecer.

Este concepto de pertenencia se estructura de forma ordenada: cada individuo tiene su propio lugar, y el amor sigue un orden específico que se correlaciona con el orden de llegada. Cuando este lugar se pierde, no se respeta o alguien es excluido, todo el sistema se resiente y sufre las consecuencias. Por esta razón, en las constelaciones dedicamos mucho tiempo a tratar este orden, su ruptura, la pérdida del lugar, del respeto y del amor. Las constelaciones reordenan el amor, al mismo tiempo que identifican las ideas y las actitudes que lo ponen en riesgo (más adelante hablaremos de los «órdenes del amor», concepto central del trabajo). Son una forma de acceder con rapidez y eficacia al núcleo de los asuntos más complejos de nuestras vidas, que siempre son vinculares y relacionales. Van a la médula de nuestros grandes temas, tales como la salud, la pareja, el trabajo, la familia, los amigos o la espiritualidad. Al mismo tiempo, nos conectan con el vasto repertorio de recursos que emana del amor, el orden en la familia, la gratitud, el respeto y la integración de las heridas.

La realidad sistémica

Una pregunta que podemos plantearnos es hasta qué punto nos sentimos atrapados en nuestro sistema familiar, tanto en los aspectos positivos como en los menos favorables, tanto en las cargas que sobrellevamos como en los recursos de los que disponemos. A menudo, estamos tan atrapados como sostenidos por nuestro sistema, aunque esto pueda parecer una contradicción. La epigenética, rama de la ciencia que explora la influencia de las experiencias y acontecimientos vitales en la expresión y modulación de los genes, demuestra cómo esta influencia viene regida por lo vivido a lo largo de distintas generaciones y no solo por la propia biografía. Ahora sabemos que los factores ambientales pueden modificar los genes, y la epigenética explica cómo los hijos heredan los traumas de sus padres. «Es imposible separar biología de biografía», señala Gabor Maté, famoso psiquiatra especializado en trauma y adicciones, enfatizando la influencia de nuestras experiencias infantiles y familiares en el buen o mal desarrollo de nuestra salud mental.

Un ejemplo típico de esta influencia se observa en los soldados de la Confederación que estuvieron en los campos de prisioneros de la Unión hacia el final de la guerra de Secesión americana. Estaban hacinados, pasaron mucha hambre y muchos perdieron la vida. Sus hijos y nietos heredaron el trauma, y sus descendientes sufrieron una tasa de mortalidad mucho más alta que la del resto de la población. Hay estudios que así lo prueban. Las guerras, el hambre, las matanzas y los genocidios dejan huellas epigenéticas en los descendientes de aquellos que los sufrieron.

Si trabajamos en el trauma, creo posible detener el proceso epigenético y evitar que las futuras generaciones hereden el sufrimiento de los padres y otros anteriores. A diario, en mis talleres, veo cómo las personas encuentran alivio. Muchos participantes expresan sentirse mejor y liberados de cargas psicológicas o emocionales que han arrastrado durante toda una vida. El éxito de las constelaciones familiares se debe a su audaz afirmación de que el campo familiar, y también el social, guarda una memoria: en la biología de cada persona viene escrita la biografía de todo su sistema, con especial influencia de las tres o cuatro generaciones precedentes.

Reitero: cada uno de nosotros no es uno solo, sino muchos. Esta idea puede ser perturbadora para aquellos que alberguen la creencia de que son los dueños de su destino, en línea con la concepción actual de la individualidad omnipotente e ilimitada que prevalece en nuestra cultura occidental. No niego que puede resultar incómodo aceptar que la influencia de lo sistémico se extiende a todos los aspectos de nuestra vida, pero la realidad es intrínsecamente sistémica y relacional. Estoy convencido de que la mayoría de los psicólogos y los terapeutas estarían de acuerdo con esta afirmación.

Esta realidad sistémica nos invita a salir del laberinto de una manera paradójica: entrando en él sin perder el hilo. De manera similar a Dédalo, el arquitecto del laberinto de

Minos, necesitamos unas alas. Dédalo fabricó unas alas con plumas de pájaros y cera de abejas, lo que le permitió escapar, junto con su hijo Ícaro, de la prisión impuesta por el rey de Creta. Salir de nuestro laberinto implica, por tanto, tener el deseo de saber y cultivar la mirada del observador. No obstante, debemos recordar la advertencia de no acercarnos demasiado al sol, como lo hizo Ícaro al desobedecer a su padre, o corremos el riesgo de que el calor derrita nuestras alas. Nuestro camino radica en la integración armoniosa de lo mundano y lo espiritual, nuestras pasiones y nuestras luces, sin distanciarnos en exceso de lo terrenal. Tal vez el secreto se encuentra en esta danza entre opuestos, entre lo terrenal y lo espiritual, entre el yo y el nosotros, entre la vida y la muerte. En transitar con soltura y alegría las grandes dialécticas de la vida.

Solo puede entrar uno

El proceso de dejar atrás las identidades que configuran el ego fue maravillosamente narrado por P. L. Travers, la renombrada autora de *Mary Poppins*, en un libro poco conocido titulado *Lo que saben las abejas*. La historia se desenvuelve de la siguiente manera: un hombre al que llamaremos señor X, de aspecto bastante común y desgarbado, se sube a un taxi y solicita un viaje al cielo. El taxista, sorprendido por esta inusual petición, le advierte sobre el elevado coste, a lo que el hombre responde que no debe preocuparse: le pagará.

Al llegar a su destino, el pasajero abona la tarifa y deja una modesta propina antes de dirigirse hacia las puertas del cielo. En ese momento, el taxista, incrédulo, ve a una multitud de hombres idénticos a su cliente bajar del taxi, cada uno con un atuendo diferente. Receloso, exige un pago adicional, argumentado que él ha accedido a llevar a un único pasajero. Mientras tanto, las puertas se abren y aparece san Pedro, quien enseguida se hace cargo de la situación. El señor X le entrega un volante que dice: «Dejar pasar solo a uno», mientras que los múltiples pasajeros se desgañitan gritando: «¡Yo soy un hombre culto y educado!», «¡Yo soy obispo!», «¡Yo figuro en el libro Guinness de los récords!», «¡Yo soy actor!», «¡Yo soy un santo!», «¡Déjeme entrar a mí!», «¡Yo soy el señor X!». Cada uno proclama ruidosamente ser el auténtico. Hasta que uno, que aún no ha hablado, interviene con calma: «Yo era el señor X. Recorrí el mundo y este me aplaudió, al menos eso creí en su momento. Aunque, para ser sincero, he dejado atrás tantas cosas que ahora siento que carezco de cualquier nombre. De hecho, siento que ya no lo necesito». Ante estas palabras, san Pedro no tiene duda: «Usted es el verdadero señor X», y le concede la entrada. La multitud continúa gritando: «¡Yoooo!», pero el clamor se desvanece gradualmente, hasta que todas esas réplicas se disuelven en el aire.

El relato de P. L. Travers pone de manifiesto una realidad innegable: dentro de cada uno de nosotros existe una legión de yoes, una galería de personajes a los que a menudo confundimos con nuestra verdadera esencia. Nos identificamos con estos roles, a veces a un grado tal que nos alejan de lo divino, del vacío, de la *nadeidad*, un estado anhelado por muchos místicos en su búsqueda espiritual.

Si nos preguntamos cómo llegaron a habitarnos estos personajes, cómo se gestaron, pronto nos daremos cuenta de que son roles hereditarios, producto de tramas familiares, pasiones gregarias o estrategias de autodefensa ante la agresión del mundo. Disfraces que, en el fondo, no nos pertenecen. Todo ello, fraguado en el carnaval específico de nuestra familia y de nuestro grupo social.

La actitud de soltar, de dejar caer, de renunciar incluso a la propia identidad, en nada se parece a la resignación. Tiene que ver con «decir sí a la vida», que es otro gran concepto que aportó el filósofo Nietzsche. Cuando uno entra en la trastienda de sus males y se pregunta quién sufre ahí dentro, se da cuenta de que el sufridor tiene distintas identidades. Puede ser un omnipotente que está empeñado en que las cosas sean de cierta manera, o una víctima a quien ya no le funciona su rol victimista, pero que se sigue revolcando en el fango de su sufrimiento para reafirmar su lugar. También puede ser un perfeccionista que exige a la vida algunos puntos sobre las íes y que no es capaz de aceptar que Dios escribe recto con renglones torcidos. O puede ser alguien que le pide más placer a la vida y no lo obtiene, o alguien que, deseando ser admirado, no obtiene la adoración de los demás.

Dentro de la galería de los personajes que nos habitan, hallamos algunos que experimentan sufrimiento cuando la realidad no coincide con sus teorías y expectativas. Un ejemplo claro de esto se manifiesta en las relaciones de pareja, donde muchas de las dificultades se originan en el hecho de que la realidad de la relación no se ajusta a las profecías infantiles sobre lo que debería estar ocurriendo y cómo debe ser el compañero o compañera ideal.

Este sufrimiento a veces se complica en extremo. Imaginemos que mi profecía infantil establece que la pareja me va a querer y a dar todo lo que no me dio mi madre. Simultáneamente, intento satisfacer dos identidades opuestas: por un lado, la identidad del individuo frustrado que predice que cualquier experiencia afectiva será frustrante y, por el otro, la del anhelante que lo espera todo del encuentro amoroso. Así, mientras pueda permanecer entre el anhelo y la frustración, me sentiré en un terreno cómodo, conocido, aunque no sea feliz. Pero, de repente, puede que me tope con una persona que no juegue a este juego y que mis identidades neuróticas entren en una profunda contradicción.

En síntesis, cada uno de nosotros alberga diversas identidades internas; en ocasiones, estas incluso entran en conflicto, chocan entre sí y obstaculizan nuestro acceso al bienestar. Liberarnos de ellas, soltarlas, permitir que se desvanezcan y *hacerse nada*, pues la fuente del vacío es el desapego, no implica perder nuestra esencia. Más bien, se trata de reconocer que, al desapegarnos de estas identidades, nos liberamos de una carga parasitaria que, por lo general, nos causa sufrimiento. El desapego nos guía hacia esa *nadeidad* que el budismo denomina *shuniata* o vacío pleno. En ese vacío, la nada se revela como una expresión de lo divino, brindándonos la oportunidad de aproximarnos a lo sagrado, a lo eterno y a un amor más profundo por la vida y por todos los seres vivientes.

El dios Krishna y la vaquita

Las constelaciones familiares comulgan, a mi entender, con la idea tan oriental de que la espiritualidad consiste más en quitar que en añadir, más en vaciar que en llenar. Recurriendo a la metáfora taoísta del río que fluye, podemos decir que la vida espiritual acude a nosotros por sí misma, sin que debamos forzarla, cuando logramos apartar los obstáculos neuróticos que empantanan las aguas del ser. O sea, cuando aprendemos a restar en lugar de sumar.

La vida no siempre nos complace, e incluso cuando nos quita cosas, nos ofrece algo aún más importante. Esta reflexión se destaca en una historia protagonizada por el dios Krishna. Durante las fiestas en su honor, eran muchas las personas que se presentaban ante Él. Cuando alguien llegaba con veinte camellos, Krishna celebraba su riqueza diciendo: «Te regalo veinte camellos más». Si alguien tenía cuatro hijos, le concedía cuatro más. Pero de pronto se acercó un hombre harapiento que traía consigo una vaca desnutrida, su único sustento. Entonces, Krishna levantó la mano, señaló la vaca y esta cayó fulminada. Se hizo un grave silencio: la actitud de Krishna resultaba incomprensible. ¿Por qué les concedía tanto a quienes tanto tenían y, en cambio, le quitaba lo poco que tenía a quien prácticamente no poseía nada? La respuesta de Krishna fue contundente: «Era lo único que aún le alejaba de mí».

Sus palabras confirman que todos deberemos perderlo todo en algún punto para estar realmente cerca de Dios. No me refiero a nuestras vacas o a nuestros hijos, sino a perder cualquier idea acerca de lo que somos, permitiendo que todas aquellas identidades que tan en serio nos tomamos mueran o se transformen.

A menudo, cuando alguien acude a trabajar un tema en uno de mis talleres, le pregunto: «¿Quién sufre dentro de ti?». La respuesta es siempre la misma: sufre aquel que quiere algo distinto de lo que la realidad le está ofreciendo. Sufre quien no es capaz de aceptar los hechos tal como son. Sufre aquel que se siente incapaz de decir sí a la vida. Sufre el perezoso, el asustado, el indolente, el orgulloso, el omnipotente, el ventajista, el esforzado, el salvador, y tantos otros que viven en nuestro interior, es decir, todos los pasajeros del taxi.

Sufre aquel que aún no ha tenido la suerte de ser invitado al cumpleaños de Krishna. Sufre aquel que todavía se aferra a su vaquita.

2

EL AMOR A LA REALIDAD

Actitud y metodología en el trabajo de constelaciones familiares

En este tren que acelera irremediablemente, que avanza a toda velocidad hacia la muerte, a la merced de los descarrilamientos, de contratiempos, de imprevistos, ¿cómo tener un buen viaje? Parece un desafío sobrehumano. No se trata de soportar, de aceptar, ni de encontrarle una solución a lo trágico, sino de amarlo directamente.

A. Jollien

El amor del espíritu es una actitud. Acepta todo tal cual es, simplemente porque existe. Desconoce el juicio que decide si algo debe existir o no. El hecho de que algo exista significa que fue pensado por un espíritu creador, y así es amado.

Bert Hellinger

Un cuento tradicional del budismo taoísta chino nos habla de un anciano labrador, muy pobre, al que la vida le trajo un hermoso caballo salvaje. Pronto, la noticia de aquel fantástico regalo corrió por la aldea, también muy pobre, y los vecinos se acercaron a felicitar al anciano por su buena suerte. Pero él respondió: «¿Buena suerte? ¿Mala suerte? ¡Quién sabe!». Y todos se quedaron perplejos por su respuesta.

Al cabo de poco, el vigoroso caballo logró saltar la valla y regresó a las montañas, y los vecinos acudieron de nuevo a la casa del labrador, esta vez para ofrecerle sus condolencias por aquella desgracia. Pero este replicó: «¿Mala suerte? ¿Buena suerte? ¡Quién sabe!». Y volvieron a quedar perplejos.

Unas semanas más tarde, el caballo regresó de las montañas llevando consigo a toda una manada, de modo que el anciano labrador se volvió rico de la noche a la mañana. «¿Buena suerte? ¿Mala suerte? ¡Quién sabe!», volvió a responder cuando acudieron los vecinos, que empezaban a dudar de que el anciano estuviera en sus cabales.

Al día siguiente, el hijo del labrador intentó domar al caballo líder de la manada y este lo derribó, rompiéndose una pierna. De nuevo acudieron los vecinos a lamentar la mala suerte del anciano, quien repitió: «¿Mala suerte? ¿Buena suerte? ¡Quién sabe!».

Unas semanas más tarde llegaron los reclutadores del ejército, pues se había declarado una guerra, y se llevaron a todos los muchachos en buenas condiciones, excepto al hijo del anciano. Los vecinos acudieron a felicitar al anciano por su buena suerte, a lo que este respondió, una vez más: «¿Buena suerte? ¿Mala suerte? ¡Quién sabe!».

El amor del espíritu

¡Qué gran ejemplo el de este anciano labrador al tomar la vida tal como viene, sin apenarse en demasía cuando trae calamidad ni alegrarse en extremo ante la fortuna! Los filósofos estoicos, como Séneca, Marco Aurelio o Epicteto, entendieron que nada es bueno ni malo en sí mismo, y que aceptar lo que nos depara el destino, cultivando una cierta imperturbabilidad, nos acerca al ideal de la ataraxia o la «tranquilidad en ausencia de todo deseo y temor», lo que en última instancia pone la felicidad, o al menos cierto grado de felicidad, en nuestras propias manos. «Recuerda que morirás», «todos somos iguales», «nada es bueno ni malo», «acércate a la naturaleza», «no sufras por lo que aún no ha ocurrido» y, sobre todo, «abraza tu destino» son consejos estoicos tan válidos en la antigua Roma como en la sociedad actual.

A su manera, el antiguo taoísmo chino, que ejerció una profunda influencia sobre el budismo Chan, prefiguraba estas mismas ideas. Esta filosofía ancestral sostenía que la suerte no existe, que las cosas están regidas por una causa y un efecto, que todo es causal y no casual, y que los acontecimientos suceden exactamente como deben en el constante fluir de la existencia. En otras palabras: la realidad es perfecta tal y como es, y todo es perfecto de la exacta manera en que sucedió, por mucho que nos guste o que nos duela, que sea causal o casual. El filósofo Spinoza lo expresó de esta manera: «Por realidad y perfección entiendo la misma cosa».

Los taoístas también recomiendan acercarse a la naturaleza y vivir conforme a sus reglas. Propugnan la comprensión de la dualidad tanto de la naturaleza del mundo como de nuestra naturaleza interior (*yin yang*) y la aceptación de la unidad de contrarios, es decir, el cambio constante y la impermanencia de todas las cosas, huyendo de la prisa, cultivando la flexibilidad mental y física, y liberándonos del excesivo deseo.

La postura del anciano del cuento reúne todas estas virtudes: es el sabio que ha entendido el significado de las palabras *amor a la realidad*. En el capítulo anterior, sembré algunos atisbos sobre este tipo de amor, al que Nietzsche llamaba en latín *amor fati*, y que, en mi opinión, constituye el principio fundamental de las constelaciones familiares. *Amor fati* significa amar la realidad, el destino. Aceptar todas las circunstancias de la vida, asintiendo a todo, incluso al sufrimiento y la pérdida. También significa «decir sí a la vida», como postulaba Nietzsche. Este es el alfa y el omega, el fondo y la forma, del trabajo en constelaciones, y de todo mi trabajo terapéutico. «Decir sí a la vida» implica un inquebrantable respeto a los hechos tal como fueron y tal como se desarrollan momento a momento.

El amor a la realidad, el asentimiento a la vida tal como fue, exige el despliegue de un amor espiritual. Por ello, al concepto de *amor fati* de Nietzsche quiero agregar otro que lo completa y amplía: el *amor del espíritu*, una expresión que Bert Hellinger solía utilizar en sus libros, cursos y conferencias. Resistirse a lo que fue implica sufrimiento; rendirse a ello e integrarlo como parte del camino que nos toca recorrer significa liberación. Lo que es y ha sido debe ser reconocido e integrado de la manera exacta que es o fue, más allá de todo juicio. La realidad preside la vida y, con suerte, podemos convertirnos en sus discípulos.

Este discipulado conlleva una actitud espiritual. La espiritualización del amor, aplicada en terapia, expresa y representa un componente crucial en mi enfoque y comprensión de las constelaciones.

Respetar los hechos

Cuando los eventos en la biografía de alguno de mis consultantes resultan dolorosos o trágicos, trato de ayudarles a aceptarlos, lo cual a menudo conlleva largos y profundos procesos emocionales y cognitivos. Esto significa sumergirnos sin temor en el lodazal del sufrimiento humano para que pueda ser abrazado, y rozar territorios traumáticos con el mayor respeto y compasión. Además, implica desarrollar una mirada más amorosa, comprensiva y, de algún modo, desprendida del propio ego personal que observa la vida con desconfianza.

Siempre procuro ofrecer ayuda de manera sencilla y respetuosa, ajustándose a la realidad de cada cual. Mi trabajo consiste en acompañar a las personas para que sean capaces de asentir, de desarrollar respeto por los hechos como una forma de integrarlos y, de esta manera, sintonizarse con la realidad, sea cual sea, tal y como fue y es, de la forma en que se manifestó y se expresa en cada momento. Para lograr esto, procuro abandonar cualquier posición ideológica, moral, indignada, de blanco o negro, así como cualquier tendencia a sentir lástima por quienes me visitan. Trato de mantener a raya mis propios prejuicios y mapas mentales.

Durante la sesión de constelaciones, mi alianza principal es con los hechos y el impacto que han tenido en las personas. Ya sean dulces o adversos, estos hechos nos guían y moldean en relaciones de causa y efecto, a menudo vividas de manera inconsciente. Mi actitud está enfocada en ponerme del lado de las personas y de las familias, así como de la sabiduría o del azar que las guía. De este modo, puedo ofrecer una ayuda eficaz para que el consultante integre el dolor inevitable, junto con la cadena de vivencias que conlleva y las tensiones que se alojan en el cuerpo cuando el dolor hace acto de presencia.

Según mi manera de entender el trabajo terapéutico, conviene desarrollar una alianza inquebrantable entre el terapeuta y la realidad. Para lograrlo, el terapeuta debe doblegar o suavizar sus propios yoes o tendencias neuróticas, que suelen filtrarse en forma de intenciones y expectativas, interfiriendo con la verdad desnuda de las personas y el destino que les tocó vivir. La ayuda está mal enfocada cuando el ayudador se deja llevar por pretensiones como querer salvar al otro, o cuando se rasga las vestiduras ante su padecimiento, o cuando cae en una excesiva indignación ante los hechos o las conductas de sus clientes. Hay un antídoto para evitarlo: el cultivo del centro vacío e indiferenciado del propio ser. Desde el centro vacío de uno mismo, el péndulo de nuestros sentimientos y acciones puede oscilar con desapego en la dirección adecuada.

El buen terapeuta deberá cultivar la confianza básica en la regulación espontánea de la vida y de sus procesos. En terapia Gestalt, esto se conoce como «autorregulación organísmica». Se trata de no interferir, de permitir que las cosas sean como son y de seguir la máxima de «no empujes el río», es decir, de no empeñarse por medio de nuestra obstinación o capricho. Esta misma mirada es la que vertebra el taoísmo.

En *Vivir en el Alma*, afirmé que la primera regla de la buena ayuda consiste en apreciar, respetar, acoger, incluso amar aquello que resulta problemático para el consultante. En última instancia, este se encuentra ante la necesidad de mirarlo de frente e integrarlo si desea liberarse de sus efectos adversos. Por ejemplo, es beneficioso abordar sensaciones corporales molestas, sumergiéndonos en ellas en lugar de evadirnos. Un caso común es el de los abusos sexuales. Perpetuar la indignación no ayuda en asuntos como estos; en cambio, es más efectivo abrir espacio para un acompañamiento amoroso que permita la integración del abuso, curando así el yo herido. Esto evita que el pasado siga atándonos y dificultando nuestro presente, empobreciéndolo de sus dones y llenándolo de asperezas.

El diablo no sabe para quién trabaja

En la actualidad, he cultivado un respeto suficiente por el dolor, la aflicción y el sufrimiento, lo que me permite no perturbarme en exceso ante ellos. En una constelación, trato de mantenerme sereno ante la angustia, de modo similar a cómo un cirujano encararía una operación a corazón abierto. Esta postura, que he alcanzado con la práctica, me resulta un tanto irónica, pues solía ser una persona que, por carácter, tenía dificultades para aceptar el sufrimiento y para sumergirme en lo doloroso. Ante el malestar, ya sea propio o ajeno, mantenía muy altas las defensas de la racionalización, la ilusión y la idealización.

Mi falso yo, mi ego o carácter, es uno fóbico al dolor. No es de extrañar que mi iniciación como profesional de la ayuda terapéutica sucediera en el contexto de la psicología humanista y el movimiento del potencial humano, donde lo celebrativo, lo dionisiaco, el aprecio por la creatividad, el juego, el contacto, el baile y el encuentro ocupan un lugar destacado. Fue por esa senda que me enganché a ayudar a los demás: dicen que «el diablo no sabe para quién trabaja». En mi juventud pensaba, inocente de mí, que podría disfrutar del ámbito de la psicoterapia como de un espacio de diversión, esparcimiento y amistad, pero poco a poco emprendí mi propio camino de relación con lo traumático y llegué a convertirme en un especialista del sufrimiento.

En mi proceso de maduración, he aprendido la importancia de enfrentar lo que duele y de acogerlo en el corazón como algo legítimo. También he comprendido que la vía del dolor tiene la potencialidad de mantenernos en la senda del amor. Me sorprende cómo, en mi devenir profesional, llegué al trabajo sistémico y familiar, donde a menudo conviven la alegría y la profunda sensación de bendición con la herida y la tragedia, ya sea personal o familiar, e incluso social y colectiva. Afortunadamente, cuento con la capacidad de fluir entre la tragedia y la comedia, entre lo terrible y lo risible, entre la hondura y la superficie, entre lo prosaico y lo sublime. Dicho de otra manera: entre el amor y el humor. Así, existe un Joan al que le chiflan el fútbol y los chistes, con un sentido del humor a prueba de balas. Pero también hay un Joan que intenta sumergirse en las profundidades del mundo interior y familiar para, metafóricamente, pescar y recomponer pedazos rotos de las almas de los consultantes.

Los participantes en mis talleres suelen agradecer mis momentos de ligereza o de comicidad, que ponen una nota liviana a tantas situaciones dolorosas y sufrimientos enquistados. De esta manera, evito que el trabajo se quede varado en sensaciones excesivamente lúgubres o demasiado solemnes. Un buen taller de constelaciones tendría que compartir la atmósfera de un buen funeral, uno en el que las lágrimas por la pérdida y el final de la vida se mezclaran con la gratitud por lo vivido. Todos albergamos en nuestro interior ciertos estereotipos risibles, ciertos tics de carácter que nos vuelven dignos de una carcajada, incluso en nuestro propio entierro. Como dijo Chaplin: «Mirada de cerca, la vida parece trágica, pero vista de lejos parece una comedia».

Otro aspecto que siempre trato de tener presente es que, en general, las personas podemos con lo que nos ha tocado vivir: somos capaces de procesarlo, digerirlo, superarlo e incluso acogerlo en nuestro seno. He visto y acompañado toda suerte de sufrimientos, desamparos, pérdidas y duelos; he visto desplegarse los infinitos tentáculos del dolor y la devastación. No puedo más que afirmar: siempre podemos con ello, al menos cuando recibimos la ayuda adecuada o con el amparo de nuestros grupos de pertenencia y la necesaria acogida social. No es fácil: reaccionamos, evitamos, edificamos murallas y más sufrimiento sobre lo que nos dolió; nos culpamos, nos enojamos con la vida, con Dios, con la muerte... Pero, en última instancia, podemos.

Mi tarea consiste en lograr que la gente conecte con su propio saber, con su propia resiliencia, con la convicción de que pueden enfrentar lo que sucedió, amparados por su sabiduría interior. Para afrontar el sufrimiento, es determinante sentirse respetado, escuchado, aceptado, querido y acompañado. De la misma manera que para los niños es crucial sentir que los padres están ahí, pase lo que pase, cuando somos adultos seguimos considerando indispensable la compañía incondicional de los demás. Esta es la función de todo terapeuta: estar presente, en especial cuando fallan los recursos propios, relacionales y familiares del consultante. Es un «estar ahí» de una manera especial: no invasiva, no directiva, no invalidante, profundamente respetuosa y compasiva. Con un poco de suerte, en el intercambio con el terapeuta, el consultante se contagiará de esta actitud.

Uno de los focos de la terapia es que todos lleguemos a ser buenas madres para nosotros mismos, siendo capaces de brindarnos apoyo, respetarnos, aceptarnos, contenernos y nutrirnos. La relación terapéutica tiene, por tanto, el potencial de curar la relación con nosotros mismos al impregnarla de amor propio, de *cura sui*, de autoamistad. El alma herida, a la intemperie, es guiada por las manos sabias del amor, y el terapeuta está ahí, acompañando, atestiguando, reconociendo; como un artista en danza con un otro quebrado, como esos cuencos rotos japoneses que, cuando se reparan con polvo de oro, no solo vuelven a quedar enteros, sino que atesoran además el valor de lo vivido.

El teatro de la vida

Las constelaciones tienen un fuerte componente escénico, psico o sociodramático. En su representación más habitual, se crea una disposición espacial con personajes reales que asumen los roles de personas significativas en la vida e historia del consultante: aquellas involucradas en la raíz de su problema, en la búsqueda de soluciones y en el ordenamiento de sus vínculos.

Imaginemos un grupo reunido en una sala. Entre los participantes, alguien hace de madre, otro representa a un padre, a un hermano o a una hermana, a una pareja o expareja, a un hijo, a un tío difunto, a una abuela con una herida emocional abierta, a un abuelo fusilado en la guerra. Estos representantes se encuentran en el espacio escénico, interactuando entre sí y enfrentándose a una experiencia desafiante, ya que no disponen de un guion. No deben hacer nada, absolutamente nada, ni decidir nada, ni inventar nada; simplemente, deben dejarse tomar por los sentimientos y movimientos espontáneos que aparezcan.

Ese «dejarse tomar» se convierte para muchos representantes en una experiencia misteriosa y única que solo se comprende cuando se experimenta. Si el representante, actor o auxiliar, no se resiste mediante sus propios patrones, si no interfiere en el proceso con sus propias ideas o rasgos de carácter, el proceso resultará, la mayoría de las veces, en algo creativo y misteriosamente repleto de sentido. Si todo va bien, los representantes se verán tomados por los sentimientos o las emociones de los representados. Decirlo así es muy fuerte, por lo que volveré a esta afirmación más adelante. De momento, quedémonos con este componente casi artístico, teatral o psicodramático de las constelaciones.

Un buen amigo, con una larga trayectoria en el mundo del teatro, me contaba hace poco que ahora solo le interesa el «teatro» de las constelaciones. Su razón principal va más allá del teatro convencional; es una forma de verdad en movimiento que siempre enfoca la tensión latente y aborda el nudo capital interior y vincular del ser humano. A mi amigo no le falta razón. Además, un buen constelador equivale a un extraño director de teatro entregado a la espontaneidad y la fenomenología de la escena que se despliega, y que lleva a sus actores a la comprensión de que no deben interpretar, sino dejarse tomar por lo que sucede.

Siendo joven, me adentré en el mundo del teatro y de la creación escénica. Pensé en ser actor y luego director, idea que abandoné rápidamente, en especial la de convertirme en actor, principalmente por mi falta de talento natural. Al orientarme más tarde hacia la psicoterapia, siempre mantuve un interés en enfoques vivos, activos y escénicos, y no solo hacia lo meramente discursivo. De ahí mi formación y *background* gestáltico y humanista. Entiendo las constelaciones como una representación donde el autor del libreto es la vida misma, la historia de la familia con sus encrucijadas y sus vivencias, y donde el terapeuta no es más que un director de actores con la consigna de que no interpreten, de que tan solo escuchen sus cuerpos y sus sentimientos para que los guíen. De esta forma, emergen dinámicas desordenadas que deben ser abordadas y atendidas, o que pueden encontrar su resolución espontánea, como también ocurre a menudo.

Las constelaciones familiares no son una terapia verbal e interpretativa, sino una exposición a un campo de información en el que lo invisible puede hacerse visible, lo inconsciente, consciente. En ellas, prevalece la hondura de la existencia, el humanismo puro y duro. ¿Cómo podría ser de otro modo si el propio Bert Hellinger afirmaba que su foco eran los asuntos de vida y muerte?

También, como hemos apuntado en el capítulo anterior, las constelaciones son un enfoque sistémico que ve lo familiar como una mente colectiva que dirige el destino de sus miembros. Por tanto, una tarea importante en el viaje de la vida es poner atención a esta mente común, y las constelaciones ofrecen la oportunidad de escenificar las dinámicas de esta red de vínculos para comprenderla más profundamente.

Durante las constelaciones, los representantes manifiestan síntomas en el cuerpo que encajan con los experimentados por los representados. Por ejemplo, durante una constelación, el representante que encarna al padre de una consultante puede adoptar una postura específica doblando el brazo de una forma peculiar. Más tarde, la consultante revela que su padre sufrió una hemiplejia que le dejó con el brazo en esta posición. Esta clase de paralelismos son muy frecuentes.

Al reflexionar sobre este hecho con la mente abierta, surge un elemento innovador y significativo, que enriquece el trabajo de constelaciones familiares y que nos coloca en un escenario que muchos psicoterapeutas y otros profesionales de la ayuda intuyen: que la información se comunica no solo a través del verbo o del cuerpo, sino también de una manera intuitiva y misteriosa, difícil de explicar.

Se trata de una afirmación muy atrevida y que desafía las coordenadas cartesianas que generalmente guían nuestra racionalidad. No es fácil aceptar que los representantes sienten, experimentan y acceden a los sentimientos de los representados. Las constelaciones generan mucha controversia por esa razón, y lo cierto es que gran parte de su dinámica queda fuera de toda lógica racional consensuada. Aun así, Hellinger se sintió con la autoridad, la audacia y la locura suficientes como para ir más allá de dicha lógica, lo cual le granjeó bastantes críticas. Sin embargo, conviene recordar que el conocimiento no habría prosperado demasiado si no fuera por todos aquellos que se atrevieron a desafiar las ideas establecidas. Hoy, la existencia de la gravedad o el heliocentrismo se han convertido en una obviedad para todos. ¿Se reconocerá en el futuro que existen también campos de información que trascienden el espacio y el tiempo?

Sé que no puedo aportar una respuesta racional sobre la existencia de estos campos, pero convivo bien con el no saber. A un nivel intuitivo, no tengo duda de su existencia, dadas las abundantes sincronicidades y coincidencias que se pueden observar en una constelación. A este respecto, me viene a la mente un verso de san Juan de la Cruz: «Este saber, no sabiendo, toda ciencia trascendiendo». Lo cual es como una suerte de *koan* para aquellos que deseen reflexionar sobre las distintas formas que puede tomar el saber.

El tejido del misterio

Fue el biólogo Rupert Sheldrake quien introdujo el concepto revolucionario de los *campos mórficos*. Según Sheldrake, las mentes de todos los individuos de una especie se encuentran unidas y formando parte de un mismo campo mental. «Cada especie, ya sea animal, vegetal o mineral, posee una memoria colectiva a la que contribuyen todos los miembros de la especie y que a su vez conforman», escribió. Además, propuso un concepto adyacente: la *resonancia mórfica*, la cual definió como un «principio de memoria en la naturaleza», es decir, una suerte de memoria colectiva a la que todos los miembros están conectados y tienen acceso. Como es obvio, la comunidad científica lo miró con recelo y sus teorías están prácticamente vetadas.

No obstante, y según ciertas teorías científicas, existe un quinto estado de la materia, que se suma a los estados sólido, líquido, gaseoso y el plasma: el estado de información. Según esta hipótesis, la información estaría dotada de masa y sería el elemento fundamental que constituye el cosmos. De este modo, habría que concebir el universo como un gran cerebro, como un ser vivo capaz de aprender y pensar.

Esta es una idea que tiene sus raíces en la antigüedad: hace unos 2.500 años, el filósofo griego Anaxágoras propuso la existencia de una fuerza cósmica inteligente y autoorganizada a la que llamó Nous, la cual guía el desarrollo del universo hacia un estado más organizado y con un propósito definido. Lo asombroso es que, en tiempos recientes, varios científicos de gran influencia han compartido investigaciones que sugieren que el universo se comporta de manera similar a un sistema autoorganizado, comparable a una red neuronal, evolucionando y aprendiendo de manera análoga a los sistemas biológicos.[1]

Si bien algunas teorías pueden ayudarnos a comprender lo que ocurre en las constelaciones familiares, no dejan de ser intentos racionales de explicar algo que tal vez escapa a cualquier descripción precisa. Son formas de esquivar la incomodidad y la inseguridad que nos provoca el misterio, el «saber no sabiendo». En cualquier caso, me interesa más lo fenomenológico que su explicación, lo pragmático que su corroboración conceptual. Para mí, la pregunta clave es: ¿sirven de ayuda las constelaciones familiares, aportan resultados? La lista de personas que afirman haberse beneficiado de una constelación es larga, aunque para muchos asuntos no debe de ser ni de lejos la herramienta única de terapia.

1. Para saber más: <https://bigthink.com/hard-science/the-universe-may-be-a-giant-neural-network-heres-why/>.

Me pregunto si entre todos los que se reivindican escépticos prevalece un genuino escepticismo, como es mi caso. Siempre me he identificado como escéptico, no en el sentido de no creer en lo que veo, sino más bien en la idea de no necesitar una teoría para explicarlo todo. Así pues, soy un escéptico entregado con alegría a fenómenos que de momento nadie sabe explicar.

En constelaciones familiares, no es necesario creer en nada, ni siquiera en los psicólogos. En este trabajo, la clave es experimentar a nivel sensitivo, emocional y visual lo que acontece en cada constelación, y especialmente cuando representas a otra persona. Resulta sumamente intrigante, ya que al representar a otra persona en una constelación, incluso aquellos que lo prueban por primera vez expresan la sensación de haber sido alcanzados por sensaciones y emociones que no les pertenecen. Este fenómeno es muy singular: uno se mantiene muy consciente de sí mismo y al mismo tiempo el campo le impone vivencias que no puede dejar de experimentar, como si fuera un vehículo de información.

La magia y misterio de las constelaciones puede explicarse también con otra teoría: las neuronas espejo. Hoy en día, sabemos que las neuronas espejo no son simplemente redes de imitación, sino que tienen implicaciones muy profundas que afectan a nuestro sentido de la empatía, el amor, el aprendizaje y el entendimiento profundo de las otras personas. Las neuronas espejo son la base de nuestro comportamiento social, nos permiten adivinar las intenciones del otro y, por tanto, también su sufrimiento, su estado interior y sus necesidades.

Esta podría ser la base de una futura explicación científica de los mecanismos de acción terapéutica de las constelaciones familiares. Tal vez en algún momento se verifique por completo la hipótesis de los campos morfogenéticos enunciada por Rupert Sheldrake. O quizá se demuestre que todos los consteladores somos víctimas de una fantasía colectiva sin pies ni cabeza, aunque paradójicamente funcional y terapéutica. También es posible que nunca logremos respondernos completamente a la pregunta de cómo nos alcanza en una constelación la información de las vivencias energéticas y emocionales de otras personas. En cualquier caso, la capacidad de renarrar el conflicto que tienen las constelaciones familiares las convierte en una herramienta terapéutica de enorme eficacia. Lo más importante es que la verdad siempre se reconoce por su capacidad para sanar.

El Día de la Ojeada

Para terminar esta disquisición sobre el misterio inexplicable de las constelaciones, quiero compartir mi fantasía favorita, la cual no pierdo la esperanza de realizar algún día, por muy irrealizable que sea. En esta fantasía, me levanto de mi tumba trescientos años después del día de mi muerte y echo una ojeada al mundo. ¿No sería extraordinario que el viaje de la muerte incluyera algo así, un «Día de la Ojeada» cada trescientos años, o incluso cada cien? Te mueres, pero puedes estar seguro de que cien años después hay un día en que sales de la tumba a dar un paseo. Imaginemos que la gente del siglo XVII pudiera levantarse ahora mismo y echar un vistazo a la sociedad del siglo XXI. Sin duda, se quedarían boquiabiertos ante un coche, un teléfono móvil, una televisión, internet, un teclado electrónico, la mera electricidad, las ciudades y pueblos iluminados por las noches. Por la misma regla de tres, ¿quién sabe lo que podremos ver o entender los seres humanos dentro de cien o trescientos años?

Mi sensación es que estamos limitados por una especie de consenso colectivo que dice que la información solo se puede transmitir a través de la palabra, del gesto o de la escritura. Me pregunto si esta idea no es un simple reduccionismo; tal vez la información está presente en todo lugar para aquellos que están dispuestos a encontrarla, o tal vez sea posible acceder a ella cuando se crean los contextos y campos adecuados. Y no hablo de telequinesis o de fenómenos sobrenaturales.

Es probable que la capacidad de estar receptivos a la información proveniente de todo, de todos y de todas las cosas, se vaya perdiendo a medida que desarrollamos un ego. Durante la primera infancia, antes de caer en el ego, funcionamos como antenas corporales que captan todas las frecuencias y vibraciones. Es obvio que para la vida cotidiana resulta conveniente esta limitación perceptiva, ya que percibir todo en todo momento llevaría a un discurrir cotidiano con tintes psicóticos y disfuncionales. Afortunadamente, los espacios terapéuticos ofrecen un campo que se abre a esta percepción ampliada de las cosas y de las vivencias internas a través de las ventanas del cuerpo, los sueños, las dramatizaciones, los símbolos, incluso los juegos. Y, por supuesto, a través de las constelaciones y otros métodos escénicos.

Al fin, lo realmente importante es que la verdad se manifieste a través de nuestra forma de vivir, y me parece que las constelaciones contribuyen a ello, que son honestas y reveladoras: ayudan aportando claridad y transparencia a las vidas de las personas. No buscan tener la verdad absoluta; más bien proponen hipótesis plausibles que permiten a las personas ordenar sus afectos y liberarse de sufrimientos infantiles y familiares, a los cuales nos aferramos por una suerte de lealtad de pertenencia.

La humildad del terapeuta

En mi opinión, el terapeuta debe adoptar siempre un lugar humilde, siendo un simple acompañante. Cualquier persona que proclame que la verdad reside en algún lugar se equivoca. La verdad es escurridiza y, si existe, creo que rara vez es conceptual y puede expresarse en palabras.

Algunos atrevidos declaran que la constelación «desvela la verdad». En este caso creo que podríamos hablar de iatrogenia, un daño no deseado causado como efecto secundario por el constelador, que cree que la verdad está de su lado por el mero hecho de ocupar un rol terapéutico, en este caso inadecuado y confusamente sacerdotal. El terapeuta o constelador no deja de ser alguien que lee la constelación con su propio código narrativo subjetivo (no puede desprenderse completamente de sí mismo, a pesar de que la teoría pregone que debe vaciarse de sí). En consecuencia, es más adecuado ofrecer la constelación como oportunidad para el diálogo con la vida del consultante que como grial que tiene la respuesta absoluta, pues esto empequeñece a los consultantes y los sitúa en un lugar infantil e irresponsable.

En constelaciones, como en todo, hay una buena y una mala praxis, y la mala praxis tiene que ver con la arrogancia del terapeuta y con un exceso de pensamiento propio o de pensamiento mágico. Una constelación puede ayudar a confrontar el relato familiar establecido con otro relato emergente y silenciado, siempre en la comprensión de que lo curativo no consiste en reemplazar una verdad absoluta por otra verdad, sino en brindar espacio a la otredad, al relato alternativo, y al choque, diálogo y coexistencia de diferentes miradas. Es decir, aunque se pueda reconocer que, en ciertas ocasiones, las constelaciones reflejan la realidad, lo que es, o hacen emerger lo no resuelto, considero que lo más crucial es lo que el consultante escucha, asimila, elabora y, sobre todo, aquello que lo pone en movimiento interior. Ahí se inicia un espacio creativo y novedoso.

Entre algunos profesionales y usuarios de esta técnica, se ha fomentado a veces la cultura de «hacerse una constelación». Es un error. Una semana después de «hacerme una constelación», voy a «hacerme una sesión de reiki», seguida de «resintonización intramolecular» (si es que eso existe), y a la semana siguiente, quién sabe qué más. Tal vez sería mejor parar un poco, no hacer tantas cosas ni tantas constelaciones. Como decía Hipócrates, el camino seguro para seguir enfermo es cambiar constantemente de remedio. Y yo añadiría consumir más dosis de la pertinente.

Lo primordial es que una persona se comprometa con su propio proceso de desarrollo, adoptándolo casi como una actitud de vida, en lugar de ser un mero consumidor de la última tendencia en el supermercado de la ayuda. Una constelación adquiere sentido cuando estimula un proceso de revisión y transformación, permitiendo que la persona trabaje en sí misma y se haga dueña y responsable de sus hechos de vida. Esto incluye afrontar e integrar su propia historia infantil, adulta y familiar, iluminando sus recursos, motivaciones, tramas ocultas, heridas y sombras. En otras palabras, que la persona adopte un compromiso de trabajo consigo misma para desbrozar su maleza, sin esperar a que lleguen los Reyes Magos cabalgando en la carroza de las constelaciones con la desbrozadora.

Fantasías terapéuticas

En las consultas, suelo preguntar por los hechos importantes en el sistema familiar: lo que ocurrió, lo que marcó, las pérdidas, los asuntos de vida o muerte. En un taller en

Latinoamérica, una mujer me dijo: «Mi padre no es mi padre». Le pregunté: «¿Cómo lo sabes?». Y respondió: «Bueno, en una constelación se mostró que mi padre no era mi padre, que había dudas al respecto, y tengo que confesar que a lo largo de mi vida también yo he albergado y alimentado dudas». El constelador le había dicho que en la escenificación se veía claramente que su padre no era su padre y que ella debía aceptarlo tal cual. He aquí, de nuevo, una mala praxis, marcada por el determinismo más o menos fanático de un terapeuta. Semejante tipo de intervenciones son de una arrogancia infinita: nadie puede otorgarse esta autoridad sobre la vida de otra persona. A lo sumo, la constelación puede reflejar la verdad obvia, o las dudas de los consultantes, pero no deja de ser una narrativa con la que debemos entablar un diálogo. Todo constelador es un ayudador, y cualquier forma de ayuda que vaya tan solo un paso por delante de la persona atendida probablemente tendrá malos resultados y generará juegos psicológicos entre terapeuta y consultante.

Los movimientos fenomenológicos de una constelación pueden generar interrogantes en los consultantes, que irán encontrando respuesta y significado más adelante. Con el tiempo, muchos encuentran significado y experimentan transformaciones internas, pero no ocurre lo mismo para todos. Mi experiencia me indica que la mayoría de las veces estos movimientos cobran sentido, pero no son infalibles. En una ocasión cerré una constelación con la imagen del padre y el abuelo del consultante y una persona representando un secreto en medio de ellos. Esto dejó al consultante con una sensación de extrañeza, a pesar de afirmar que siempre había sentido la presencia de un gran secreto en la familia. Puesto que no teníamos más información, decidimos esperar. Tres años después, aquel consultante me visitó para compartirme la trama que le había sido revelada por el abuelo en su lecho de muerte, y que afectaba totalmente la historia de los tres: el abuelo era el verdadero padre y el padre, en realidad, su hermano.

Algunas personas experimentan un gran alivio cuando un hecho o una trama que habían intuido de repente se revela y puede ser enfrentado. No obstante, nunca tomaremos los hechos que se muestran en la constelación como una verdad absoluta, sino como un diálogo entre las distintas narrativas vitales posibles. Lo más importante es la persona, no la constelación. Mi enfoque consiste en ir siempre un paso por detrás del consultante, nunca un paso por delante, una norma que se debería aplicar a toda intervención terapéutica. Por tanto, cuenta lo que el consultante o cliente percibe, asume, procesa, integra, libera. La clave en psicoterapia es lo que el paciente puede escuchar y asumir, no tanto las aportaciones del terapeuta. ¿Qué sé yo de tu vida? Tu vida es tuya, y yo te sigo para que exploremos juntos aquello que te concierne, que tiene un sentido para ti; tú decides qué permites que entre en tu psique. Eres responsable de tu vida y tu camino. Como terapeuta que trabaja en constelaciones, puedo acompañarte, señalarte dinámicas y comportamientos, siempre y cuando tenga en cuenta que tú pones los límites, que tu vida es un material valioso ante el que yo no soy un juez, ni un fiscal ni un profeta.

Son unos cuantos los consteladores que juegan al juego de la omnipotencia, como si la propia herramienta propiciara un espectáculo oracular. Esto, en mi opinión, es un comportamiento irresponsable hacia el consultante, ya que infantiliza a las personas y les impone una dirección en lugar de ayudarlas a encontrar recursos, comprensiones y movimientos adultos para gestionar su vida con acierto. La terapia, decía Fritz Perls, consiste en pasar del heteroapoyo al autoapoyo: que cada palo aguante su vela, que cada quien sostenga su vida, más allá del hecho de que, juntos, nos acompañamos.

La mujer a la que me referí al inicio de este apartado me explicó que la persona que la había constelado no solo le dijo que su padre no era su padre, sino que también le advirtió que cuestionar esta revelación equivaldría a poner en duda la constelación y la autoridad del constelador. Una vez más, esta historia demuestra que el camino de la ayuda está plagado de trampas, y una de ellas es la del abuso de poder.

Antes de terminar la consulta, le dije lo que ella ya sabía: que hoy existen métodos mucho más fiables que una constelación para saber quién era su padre biológico. «Puedes hacerte un análisis de ADN», le comenté. Al cabo de unos meses, recibí una nueva carta suya donde me explicaba lo siguiente: «Fui a hacerme una prueba de ADN y confirmé que mi padre es mi padre. Ahora me doy cuenta de cuán interesada estuve en comprarle esta idea al constelador para seguir alimentando el resentimiento contra mi padre».

Benevolencia, respeto y presencia

No es posible desempeñar el oficio del terapeuta sin experimentar un estado interior de espontánea benevolencia y espíritu compasivo. Digo «estado» porque las emociones y sentimientos son cambiantes, van y vienen, pero los estados son más bien estables y se asemejan a actitudes: están ahí o no lo están, aunque afortunadamente pueden desarrollarse. Deberíamos preguntarnos a nosotros mismos de vez en cuando cómo andamos de benevolencia, sobre todo si pretendemos dedicarnos a la ayuda o al servicio a los demás. Creo que no deberíamos acompañar profesionalmente a personas en situaciones difíciles si no sentimos benevolencia, que no es otra cosa que el deseo espontáneo y genuino de querer el bien, de que el otro esté bien, de que al otro le vaya bien, de que se conozca más y mejor a sí mismo, de que tenga buena vida, de que su corazón lata con fuerza ante los envites de su camino.

Con frecuencia, y esto es bien conocido en terapia Gestalt y en los abordajes humanistas, importa más la actitud del terapeuta que una determinada herramienta o técnica. Asimismo, más importante que una constelación es el espacio o el marco relacional que se establece entre la actitud del terapeuta y la actitud del paciente, pues a veces favorece algo bueno y sanador, mientras que otras lo impide. La benevolencia es contagiosa.

La actitud es esencial y se requiere, como ya he mencionado, la habilidad de mantenerse un paso por detrás del paciente, lo que implica respeto, reconocer al otro y abstenerse de dirigir la vida de nadie, ya que nadie está en posición de hacerlo. Es cierto que hay momentos en que una persona pasa por tal estado caótico y desestructurado que el terapeuta puede asumir funciones casi de codirector de su vida, al menos durante un breve lapso de tiempo. También en casos de fuerte patología mental, la sociedad o las instituciones toman la responsabilidad de dirigir y cuidar la vida de algunas personas. Pero hablo de casos extremos, no de personas que, bien o mal, sostienen su propia vida.

A veces vienen a verme personas que de alguna manera me lanzan esta propuesta: «Toma mi vida, a ver qué haces con ella». Pedir esto es demasiado. Ante esta propuesta, el terapeuta puede contraproponer: «Vamos a mirar juntos aquello que es importante para ti; yo te acompaño, y con mi conocimiento profesional trataré de conducirte cerca de lo que es más relevante para ti. Pero los ojos que mirarán y oídos que escucharán serán los tuyos; el que va a gestionar lo que vas a ver y ser eres tú. Yo te acompañaré en el proceso, estaré ahí a tu lado, y nada más».

Para llevar a cabo ese acompañamiento, el terapeuta necesita, ante todo, saber estar presente. Tanto Bert Hellinger como Fritz Perls abordan la actitud del terapeuta con términos similares. Hablan, de hecho, de la necesidad de vaciarse de uno mismo, de retirarse a un centro vacío, a un punto cero, liberándose de cualquier intención. La renuncia a las intenciones nos llevará a mostrar un profundo respeto hacia lo estrictamente fenomenológico, es decir, a dejar que las cosas sean como son y a respetar el movimiento existencial que tome o elija la persona que nos consulta.

La buena ayuda se basa en asumir la propia ignorancia acerca del otro y en desarrollar la capacidad de escucha y de exploración. El terapeuta actúa como un explorador, y su método consiste en ir en pos del fenómeno. Esto no implica un significado predefinido a cada movimiento, a cada gesto: «Si fulanito se rasca en el lado derecho, es que su padre no es su padre». No funciona así.

Ir en pos del fenómeno, actuar fenomenológicamente, significa que, si una persona experimenta un dolor, realiza un gesto o grita, el fenómeno se está revelando por sí mismo. Del laberinto se sale mirando hacia su interior, recorriendo sus oscuros pasadizos. No hace falta forzar una interpretación. Hay demasiados dogmas, lugares manidos, análisis sesgados en el mundo terapéutico. A menudo se deja de lado la importancia de la fenomenología como principio rector en la relación de ayuda. Se olvida preguntar «¿qué sientes?», «¿qué experimentas?», «¿cómo es para ti?»: preguntas que operan como candil que alumbra el camino. Los dogmas calman nuestra ansiedad, pero en realidad no ayudan. No es serio pensar que, si se me manifiesta un dolor en la rodilla izquierda, existe automáticamente una implicación con mi madre. Este tipo de interpretaciones tienen mucho éxito y hay docenas de libros con esta orientación. En cambio, lo fenomenológico, lo experiencial, se revela a sí mismo sin necesitar la intermediación de una teoría.

Esto nos confronta con la cruda realidad de que los terapeutas vamos escasos de fe y sobrados de conceptos. Tal vez nos falta fe en la vida, en la fenomenología, en la espontaneidad de los procesos, en lo experiencial, en el vacío y en el poder creativo y sanador del vínculo y del encuentro terapéutico. Como resultado, nos anticipamos con nuestras ideas acerca de las cosas, o queremos interpretarlas para manipularlas. Así que los terapeutas también vivimos en nuestra narrativa, en nuestro relato, y lo cierto es que la mayoría de los relatos de los terapeutas cumplen un par de propósitos: calmar su propia inseguridad y alimentar las angustias infantiles que no han sido integradas. El minotauro también nos persigue.

Fe organísmica

Quisiera concluir esta reflexión profundizando en el significado de la palabra *fe*. No me refiero aquí a una fe religiosa, sino a una confianza en los hechos, a una «fe organísmica», es decir, en la vida tal como es y se manifiesta. También podría entenderse como fe en la vacuidad creativa, en el punto cero, que es clave para todo terapeuta experiencial. Esta fe implica confiar en que todo irá bien, siempre que no volemos demasiado cerca del sol como Ícaro, es decir, evitando interferir con la experiencia al poner obstáculos neuróticos. En particular, yo abogo por la inseguridad asumida: en la vida, nunca sabemos qué ocurrirá en el siguiente instante. Como decía Joseph Campbell: «Vivimos en caída libre hacia el futuro».

Asumamos este vértigo, disfrutemos de él. Confiemos en que un ángel, quizá el que presidió nuestro nacimiento, se ocupará de todo, como dice el hermoso verso de William Blake: «El ángel que presidió mi nacimiento dijo: "Pequeña criatura, fruto de la dicha y de la risa, ve y esparce amor"».

3

EL TRABAJO PSICOESPIRITUAL

Metafísica y autoconocimiento en constelaciones familiares

> Los que quieran salvar su vida la perderán. Pero los que la pierdan se salvarán.
>
> Mateo, 16, 25

> Uno debe pagar caro por la inmortalidad, tiene que morir varias veces mientras está vivo.
>
> F. Nietzsche

A mi entender, existe una dimensión genuinamente psicoespiritual en el trabajo de constelaciones familiares. Además de desbrozar la maleza de las dinámicas familiares, las constelaciones incentivan una relación más sana con uno mismo mediante una mejor y profunda autoescucha y observación compasiva. En consecuencia, favorecen el desarrollo de la preciada cualidad de la conciencia: la capacidad de experimentar el presente momento a momento y de ser consciente de la conciencia misma. El objetivo último, o el regalo inesperado que las constelaciones nos traen, es un encuentro con el espíritu.

¿Qué hacemos cuando acudimos a terapia, meditamos

o trabajamos en una constelación cosas tan dispares como similares? En un nivel, además de buscar solución a nuestros problemas en el mundo, nos buscamos a nosotros mismos, tratamos de conocernos e individuarnos, de dar fruto, de llegar a ser quienes realmente somos, de despertar al ser profundo (algunos lo llaman nuestra verdadera identidad) y desempolvar la dicha de vivir. El trabajo no es solo terapéutico, sino que conlleva una reflexión y profundización en los aspectos trascendentes y metafísicos de la vida. Ahora bien, ¿en qué consiste este trabajo psicoespiritual? ¿Hasta qué punto las constelaciones pueden considerarse psicoespirituales?

La pócima amarga

El doctor Mark Epstein, psiquiatra budista, autor de libros como *El trauma de la vida cotidiana*, cuenta que se acercó al budismo porque su rol como psiquiatra en el hospital no le daba herramientas suficientes para lidiar con el dolor y lo traumático de la condición humana. Epstein no era capaz de aceptar el sufrimiento de sus pacientes. Sin embargo, en un viaje por Asia visitó a un maestro budista, el anciano Ajahn Chah. Este hombre le mostró un vaso de té finamente decorado. «¿Ves este vaso?», le dijo Chah. «Obsérvalo bien. Contiene el agua de forma admirable. Cuando el sol brilla, refleja la luz a la perfección. Cuando le doy un pequeño golpe, ofrece un hermoso sonido. Sin embargo, para mí, este vaso ya está roto. Cuando el viento lo tira o le doy un codazo y cae del estante al suelo y se hace añicos, yo digo: "Por supuesto". De esta forma, cuando entiendo que este vaso ya está roto, cada minuto con él es precioso.» Así es la vida: ya está rota. Todos nosotros ya estamos, en cierto modo, hechos añicos. Y cuando lo entendemos, cada minuto que vivimos se vuelve precioso.

Me siento identificado con Epstein. Cuando empecé a trabajar como terapeuta, la terapia me parecía poco más que un juego de autoconocimiento y crecimiento personal, pero a medida que he ido avanzando me ha tocado trabajar con personas que a menudo se encuentran ante precipicios existenciales, atravesando experiencias de vida muy complicadas. Una muerte inesperada, una enfermedad grave, la pérdida de un hijo, un cáncer demoledor, un diagnóstico con mal pronóstico y el anuncio, desolador y arrebatador a la vez, de «me he enamorado de otra persona». También me he topado con encrucijadas inesperadas, como «estoy embarazada de mi amante, no de mi marido», abortos elegidos, matrimonios fallidos, testamentos desfavorables y muchas otras situaciones que operan como trasfondos o envoltorios de lo emergente y visible: depresión, ansiedad, obsesión o enfermedad. La vida tiene un misterio, una grandiosidad y una incertidumbre infinitas.

¡Qué difícil nos resulta asumir la esencial lección de la transitoriedad y finitud de todo lo existente, tal como insiste el budismo! Cuando nos enfrentamos al abismo existencial en nuestras vidas, las maniobras estrictamente psicológicas se revelan insuficientes. Todos los utensilios que empleamos como psicólogos o terapeutas para escarbar y transformar los contenidos de la mente, las emociones y el cuerpo se tornan pequeños, porque tocamos algo que va más allá, que es trascendente, inasible, existencial, de otro calado. Acariciamos el misterio.

Lo podemos llamar el *campo psicoespiritual*, donde no basta el diálogo fecundo con uno mismo, sino que además es crucial una suerte de rendición o asentimiento, una concordancia con que la vida es y se desarrolla en la manera exacta en que decide ser y desarrollarse. Un situarse a ras de tierra y abrazar la humildad, en cuya raíz etimológica está la palabra *humus*: aquello de lo que la naturaleza se desprende y que, al mismo tiempo, la fertiliza. Una fe en que, a pesar de los pesares, podemos tener esperanza y sigue valiendo la pena vivir. Como decía Khalil Gibran de forma tan magistral como poética en *El profeta*: «Gran parte de tu dolor es la pócima amarga por la cual el médico dentro de ti cura tu ser enfermo».

Hace muchos años escuché a un viejo terapeuta decir, de manera un tanto coloquial, que a medida que avanzamos en la profesión hay una bifurcación en el camino: o el alcoholismo o la espiritualidad. En mi opinión, diría que la experiencia acumulada del terapeuta hace que generalmente se espiritualice y, con ello, también lo haga su trabajo. La función del terapeuta adquiere mayor amplitud y profundidad a medida que su propia vida y autoconocimiento le proporcionan una perspectiva más amplia. Con suerte, llegará a comprender las coordenadas exactas y precisas, longitud y latitud del mapa del éxtasis y de la desesperación humana. Con el tiempo, desarrollará y experimentará también un amor más universal, liberado de las garras del tiránico ego, y aprenderá a escuchar sin desvaríos el grito de lo trágico y lo traumático. He aquí lo espiritual.

Bailar con la vida

La espiritualidad significa desarrollar un cierto sentido de trascendencia, es decir, una capacidad de reconocer y dejarse acompañar por aquello que ocurre más allá del propio yo. Más allá del yo hay un tú; y más allá del yo y del tú hay un nosotros. Incluso aún más allá del nosotros, existe una comunidad más grande, una gran fraternidad de seres humanos y de seres sintientes. Y todavía más allá, se encuentra esa vivencia común de lo incognoscible, de lo inefable, de lo misterioso, del latir de la vida, del sentido o del sinsentido, del espíritu creador.

Muchas tradiciones religiosas, fuera ya del ámbito inspirado y místico, han derivado al camino burocrático y normativo de defenderse de la vida en lugar de abrirse a ella. Muchas religiones y muchas personas han buscado gestionar la inseguridad ontológica que supone el viaje de la vida a través de amuletos, ritos religiosos, conceptos sobre Dios, fanatismos o fantasías místicas. Ante esta realidad, Nietzsche proclamó su famoso «Dios ha muerto», que en el fondo constituía una advertencia para hacernos conscientes de que el dios presente en nuestras mentes es un dios falso.

Para protegernos de esta incertidumbre existencial, del vértigo que nos produce el viaje de la vida, a veces buscamos refugio en dioses, como niños pequeños. Sin embargo, nos amparamos en meros constructos internos, en puras apariencias: la palabra *idea* significa, precisamente, 'forma', 'apariencia'... Las ideas no brindan garantías, y es preferible entregarse al baile de la vida, ponernos a su favor, no en su contra. Riamos, celebremos cuando estamos juntos, dancemos, pero hagámoslo también con las lágrimas y en presencia de la muerte.

Espiritualidad es espíritu, es neuma, cuya raíz etimológica griega significa 'soplo, latido'. Esto puede interpretarse como una adhesión incondicional a las cosas tal y como son a cada momento. Hoy en día hay mucha gente que dice: «Yo soy muy espiritual». Me pregunto qué querrán decir. En ocasiones, añaden: «Yo soy muy espiritual y ya no me enojo» o «yo soy muy espiritual y ya no tengo miedo». En estos casos, tengo ganas de contestarles: «Serás espiritual, pero eres un mentiroso». Podemos optar por aprender a gestionar de manera más efectiva nuestro enojo, expresándolo cuando sea apropiado, o aclarar nuestros miedos para comprender mejor sus raíces y abordarlos. Sin embargo, no podemos dejar de experimentar estas emociones.

Los sentimientos son creaciones divinas. ¿Acaso no es más espiritual la disposición a bailar con la vida y con todo aquello que nos trae a cada momento que jugar a la ficción de que somos seres muy evolucionados? No descarto, desde luego, que haya personas que han llegado a un lugar tan desidentificado de sí mismas y con tanta unión con la vida que sus sentimientos tengan otro calibre y otra coloración, pero son casos excepcionales.

La espiritualidad significa abrazar lo que hay ahora, en este instante. Es una especie de adherencia, de aquiescencia, de sumisión al presente. Y, en un sentido más radical, quien se adhiere no es el yo con el que estamos identificados, sino el dios que somos.

Los grandes golpes al ego

Freud decía que en el transcurso de la historia moderna, el narcisismo humano había sido golpeado en tres ocasiones a través de tres grandes ofensas: la ofensa cosmológica, cuando Copérnico descubrió que la Tierra no era el centro del universo; la ofensa biológica, derivada de los trabajos de Darwin que situaron al *Homo sapiens* como una especie entre otras y, por último, la ofensa de la propia teoría psicoanalítica elaborada por Freud, la cual nos reveló que lo que dirige nuestras vidas está más allá del alcance de nuestra conciencia, en un submundo llamado inconsciente.

A estos tres grandes bastonazos contra el ego humano añadiría todavía un cuarto: la cachetada contra la grandeza del yo individual que supone admitir, según la perspectiva de Bert Hellinger, que no somos individuos autónomos, sino que dentro de nosotros viven muchos, los cuales operan y trabajan en ese inconsciente del que habló Freud y que Jung amplió como inconsciente colectivo.

A menudo me preguntan: «Entonces, ¿no somos libres?». Quizá lo sea aquel que se haya vaciado de sí mismo, que haya reconocido las voces y mandatos del sistema en su mente y en su cuerpo y aprendido a manejarlos, que haya aplacado sus deseos y aversiones, que haya detenido la dictadura de sus pensamientos. Libres son los santos, los iluminados, pero no las personas corrientes. La mayoría estamos dirigidos por nuestros introyectos, nuestras influencias familiares, nuestras terribles ideologías (toda ideología tiene algo de feroz), nuestras creencias políticas, culturales y, por supuesto, amorosas.

Existe aún una quinta herida narcisista, expresada por Nietzsche en *Así habló Zaratustra*, cuando afirma que somos camellos doblegados por el peso de las obligaciones y de las limitaciones vitales. Con esto, señala que llevamos una carga, una cruz, y que es difícil para un ser humano proclamar con sinceridad «soy libre». Arrastramos como camellos nuestros yugos y alforjas, cargados de «deberías», nuestras lealtades invisibles, nuestros guiones marcados a fuego, los mandatos familiares, sociales y culturales. A menudo, estas imposiciones son invisibles y pasan desapercibidas. Las constelaciones tienen la facultad de poner al descubierto estas corrientes subterráneas que gobiernan nuestras vidas.

Algunos de estos mandatos, aquellos que están vinculados al inconsciente individual, se pueden traer a la conciencia con una buena terapia. Sin embargo, existen otros movimientos más profundos y sistémicos que no resultan tan fáciles de identificar. Abordarlos adecuadamente demanda una buena terapia, además de un trabajo con el cuerpo, con los sueños, con lo sistémico y transgeneracional. Uno puede acumular cargas o lemas familiares como «no gastes dinero» o «no te entregues al placer», y estos mandatos suelen ser identificables. Y luego existen implicaciones en el tejido de los vínculos familiares, multitud de cargas inconscientes en ese caldero alquímico donde nadamos que no son nada evidentes. Un ejemplo podría ser un lema interno, inconsciente, como «yo muero como mi hermano», o «yo no vivo porque a él le tocó morir», o «yo estoy en conexión con mi tío, que enloqueció, y me enloquezco como él», o «con mi abuelo, que cayó en la guerra, que fue fusilado», o «me siento en conexión con aquella tía soltera que se quedó sola toda su vida y, por tanto, no tomo una pareja», o «me enfermo en tu lugar», o «no vale la pena una relación matrimonial, así que permaneceré solo o sola», o «me mantengo en medio de la lucha entre mis padres, luchando yo mismo, o yendo a refugiarme en el alcohol». Esos ejemplos ocupan una zona intuida a veces, pero no fácilmente concientizable.

Todos estos mandatos, los más cercanos a la consciencia y los más invisibles, son las cargas del camello. A veces logramos comprenderlas con la mente, con el cuerpo o con la emoción. La terapia Gestalt llama «darse cuenta» o «percatarse» a este tipo de comprensiones. En psicoanálisis, se acuñó el término *insight*, que implica la comprensión súbita de un contenido que pasamos a la conciencia porque estaba previamente sumergido. En constelaciones familiares, avanzamos en esta dirección: sacar a la luz algunas cuestiones que son completamente invisibles, volver visible lo invisible. Cuando esto sucede, el camello se convierte potencialmente en león.

Las transformaciones del espíritu

Nietzsche habló de las tres transformaciones del espíritu, lo que consideraba que eran las tres fases o estadios que todo individuo debía atravesar para convertirse en el superhombre.[1] Se trata de tres niveles que van desde la incapacidad de definirse y actuar por uno mismo hasta la máxima libertad de pensamiento y acción. Estas tres etapas Nietzsche las describió mediante las metáforas del camello, el león y el niño.

El camello, como hemos visto, carga con el peso de los valores establecidos, con los fardos de la educación, la moral y la cultura en la que está inmerso. Sin embargo, tiene la esperanza de transformarse en león, que tiene la capacidad de arrojar las cargas y decir «yo quiero» en lugar de «yo debo». El león tiene voluntad propia, tiene elección, tiene regulación, está en contacto con su naturaleza instintiva y la sigue. Posee un cierto libre albedrío. En mi opinión, antes de convertirnos en león, necesitamos transformarnos en búho o lechuza para ser capaces de ver en la oscuridad y en la espesura del inconsciente y tomar consciencia de todas aquellas sombras que creemos reales y no lo son.

1. Para Nietzsche, el superhombre, o superhumano, es aquella persona que ha alcanzado un estado de madurez espiritual por encima de lo común y que, por tanto, no cree en las promesas de las religiones, sino tan solo en lo real, en los fenómenos y en la vida misma. En consecuencia, es capaz de guiarse por su propio sistema de valores, liberándose de la «moralidad esclava», del «espíritu gregario» o de la «moral de rebaño», resignada y conformista, típica del sistema de valores morales cristiano. Además, este superhombre es un ser pasional y en contacto con sus sentimientos: aunque es capaz de dominarse a sí mismo, es dionisiaco y le da su lugar al placer y a la locura. El hombre cristiano, resentido, dice «no». El superhombre, en cambio, dice «sí a la vida», tanto en sus facetas más luminosas como en las más oscuras, pasionales o difíciles. Para realizar este amor por la vida, vive intensamente el presente, como si fuese eterno.

El león, pese a la valentía que lo caracteriza y su firme decisión de enfrentarse al deber impuesto, aún no es completamente libre. Para eso necesita convertirse en niño. Este es el verdadero creador. Solo el niño consigue la espontaneidad y la naturalidad de lo vivo. Si el león manifiesta la voluntad, el niño refleja la inocencia y la entrega a un algo mayor que nos guía, nos dirige y nos contiene. Se trata de un principio espiritual. Cuando la voluntad cede a la fuente o fuerza espontánea de la vida, somos conducidos con benevolencia por un algo misterioso y más grande.

No hay duda de que las constelaciones tienen una vertiente psicológica capaz de revelar con detalle los embrollos e implicaciones en las familias, y también una vertiente espiritual, que nos impulsa a rendirnos al gran misterio de las cosas como son y regresar al simbólico paraíso infantil, previo a la caída en la cárcel del yo personal, cuando cabalgábamos a lomos de la realidad y no en su contra.

El tesoro escondido

La vertiente psicológica del trabajo personal comienza por asumir y entender la naturaleza de nuestra esclavitud. En otras palabras, nos ayuda a comprender y dilucidar qué atmósferas familiares cargamos. Por atmósferas familiares me refiero, especialmente, a la amplia historia de nuestros anteriores, a los lugares que ocupan los padres, los hermanos o los bisabuelos, a la relación que existe entre ellos. También a nuestro propio lugar, nuestro sentir, nuestra capacidad de amar y sacrificarnos en relación con todos ellos. Es crucial comprender que existe una geometría de vínculos configurada en nuestro interior.

El aspecto psicológico nos insta a comprender, reconstruir y transformar internamente las dinámicas que nos atraparon, creando espacio para otras más saludables. Las constelaciones aspiran a que prevalezca el amor, el buen amor. Y, en última instancia, buscan que el padre, la madre y todos los que forman parte de nuestro sistema ocupen un lugar de paz, respeto y aceptación en nuestro interior. La geometría constitutiva de nuestro guion de vida y, por tanto, de nuestra esclavitud puede ser trabajada, ordenada y liberada, desvelando implicaciones, desamores, desórdenes y sacrificios vinculados a un padre, a una madre u otros. De este modo, podemos promover cambios profundos, crear vivencias y relatos alternativos, y fortalecer nuestra capacidad de acción.

Además de vivir anclados en relaciones de amor y de apoyo, la vida requiere una apertura hacia un plano más elevado, hacia una dimensión espiritual que dote de sentido al gran laberinto de la existencia. A veces, el sufrimiento y las adversidades que experimentamos son tan cruentas que lo meramente psicológico, aquello que entendemos como dirigido por el yo personal, no es suficiente para abordar la situación, para aplacar el dolor, para no caer en el sinsentido. ¿Cómo se integra la muerte de un hijo desde el yo personal? ¿O una violación, o un trauma de guerra, o un asesinato? Sencillamente, es muy difícil sin la dimensión espiritual. Como decía el poeta y místico sufí Rumi, cuando tu casa ha quedado destruida, cuando lo has perdido todo, descubres que, enterrado en la tierra que sostiene tus cimientos, siempre hubo un tesoro escondido. Y ese tesoro no tiene una voz: es el ser, la luz y la vida, es el gran espacio que contiene los hechos.

Perderlo todo para ganarse a uno mismo

Se ha escrito mucho sobre personas que lo pierden todo y, al mismo tiempo, lo ganan todo. Como sugieren los Evangelios, es necesario perderse a uno mismo para ganar la vida eterna. En ocasiones, la presencia abrumadora de traumas y pérdidas es tan intensa que para sobrellevarla no basta con la voz personal, las estrategias psicológicas o el contacto humano (aunque todo sea esencial). Se requiere una atmósfera de humilde silencio, una sumisión a la gran voluntad que constituye el núcleo de toda vida espiritual. Es en estos momentos cuando, según Nietzsche, uno debe pasar de ser el camello que carga, al león que desea y toma poder, y, en último lugar, al niño, para ser llevado por los brazos de la vida.

La vida nos plantea una dialéctica intrigante: la que se entabla entre la voluntad del yo y la voluntad de la existencia. Las constelaciones familiares exploran esta dualidad, destacando la importancia tanto de la voluntad personal como del misterio del ser, dos caras de la misma moneda. Su regalo consiste en proporcionarnos la capacidad de afinar el diálogo entre estas dos instancias fundamentales. En este proceso de exploración, nos damos cuenta de que la voluntad de la vida trasciende la voluntad personal. La vida tiene sus propios anhelos e impone límites que van más allá de nuestros deseos individuales. Esta revelación se convierte en una experiencia universal, ya que todos compartimos el envejecimiento, la enfermedad y, en última instancia, la muerte.

No sé si es una buena o una mala noticia, pero no tengo ninguna duda de que la vida es soberana, y sospecho que hace lo que le da la gana en todo momento, nos guste o no. La mayoría de las personas que vienen a trabajar en constelaciones o que acuden a terapia lo hacen porque están atravesando situaciones que preferirían evitar o porque no están viviendo aquello que anhelan: «Estoy sintiendo esto que no quiero sentir» o bien «no está pasando esto que quiero que pase», como tener un hijo o que me quiera Fulanito.

Si tuviéramos la capacidad de entrar en sintonía con lo que la vida quiere, incluso si difiere de nuestras propias aspiraciones, alcanzaríamos un estado de plena salud. Sin embargo, tendemos a oponernos a la vida en lugar de ser sus discípulos, por lo que nuestro sufrimiento no hace más que acrecentarse. La vida termina siempre por imponer su voluntad, y ante su grandeza, nuestros yoes van callando. Al reconocer este hecho, surge una rendición que las constelaciones familiares describen como una actitud de humildad y respeto hacia los padres, quienes representan la vida para sus hijos. También implica asentir a los eventos significativos que han marcado a la familia, tanto si están relacionados con la vida, la muerte o la sexualidad.

Una espiritualidad para la vida real

La espiritualidad se centra en quitar obstáculos en lugar de poner adornos. La eliminación de trabas neuróticas (generalmente el autoconcepto o falso yo, construido al hervor del magma familiar) permite el libre flujo de la autorregulación organísmica, de lo genuino y veraz en cada momento. Esto convierte a las constelaciones familiares, así como a la terapia Gestalt y la psicología humanista en general, en liberadoras de la mente, el cuerpo y el alma.

Existe en este tipo de terapias un componente nietzscheano o dionisiaco, así como una afinidad con prácticas como la meditación *vipassana* y zen, que podríamos calificar como un componente apolíneo. En el punto medio de esta polaridad, los terapeutas humanistas reconoceremos también una deuda con el taoísmo, ya que las terapias humanistas y transpersonales procuran la superación de la dualidad mediante la reconciliación de los opuestos, la búsqueda de la armonía, la cercanía y el respeto hacia la naturaleza. En sintonía con el Tao, se observa una relativización de los conceptos morales, de las consideraciones simplistas y maniqueas sobre el bien y el mal, y una atención al orden subyacente de las cosas y de la realidad.

Una espiritualidad genuina se basa en una fe genuina, que implica confiar y abrazar la vida tal como es. A pesar de su autoproclamada postura anticristiana y su actitud o rol de «Dionisos frente al Crucificado», Nietzsche también fue el apóstol del «sí a la vida». Este concepto o actitud surge de una ética natural que se encuentra fuera de toda moral religiosa, burguesa o de época. Hay una diferencia abismal entre el Cristo que se sacrifica, el Dios normativo, asustador y punitivo del Antiguo Testamento y de la Iglesia, y el dios natural que reside en todo corazón, amoroso, inclusivo, unitivo, al que ni siquiera es necesario llamarlo dios.

En su obra *Así habló Zaratustra*, Nietzsche nos dice que cuando Zaratustra baja de la montaña para dirigirse a la gente, lo hace insultando e increpando a su audiencia. Les dice que están apegados a sus ídolos e ideas, que son pequeños, pusilánimes, que les falta coraje para vivir, que dejen de someterse a un dios externo. Y prosigue con dureza pronunciando las siguientes palabras:

> ¡Ay, hermanos, ese dios que yo creé era obra humana y demencia humana, como todos los dioses! Hay muchas cosas pesadas para el espíritu, para el espíritu fuerte, de carga, en el que habita la veneración: su fortaleza demanda cosas pesadas, e incluso las más pesadas de todas. ¿Qué es pesado?, así pregunta el espíritu de carga, y se arrodilla, igual que el camello, y quiere que lo carguen bien.

Para avanzar en el viaje de la vida, debemos trascender nuestras limitadas ideas sobre cómo son las cosas, dejando atrás nuestras ideologías, nuestras creencias y prejuicios. Como se evidencia en las constelaciones familiares, estas limitaciones suelen servir a la necesidad de sentirnos buenos, inocentes y leales a nuestros grupos de pertenencia o a nuestras congregaciones, así de gregarios somos. A menudo, nuestras ideas buscan asegurar la aceptación y aprobación de estos grupos, independientemente de que estén faltas de humanidad, de conciencia y corazón. Esta es la guerra que libra Zaratustra, y es una guerra en pro de una profunda libertad del espíritu.

Las ideologías son artefactos pasionales arraigados en el deseo infantil de que nos miren bien, de ser queridos y aceptados. Pero el viaje del desarrollo puede llegar muy lejos si nos arriesgamos a trascender nuestras creencias, como hicieron Nietzsche y Hellinger al aventurarse a madurar sus ideas y embarcarse en una aventura que los llevó muy lejos, hacia un universo interior más allá del bien y del mal. Tanto el uno como el otro se rindieron a lo que *es* en cada momento, más allá de toda conceptualización. Miraron a la vida de frente, superando las conceptualizaciones. Y esto es espiritualidad.

Aunque Nietzsche tuvo una vida muy difícil en el contexto cultural que le tocó vivir, hay una anécdota que destaca su sensibilidad. En Turín, en 1889, el filósofo presenció una escena desgarradora: en la plaza Carlo Alberto se topó con un cochero que maltrataba sin piedad a un caballo moribundo. Con lágrimas en los ojos, Nietzsche se abalanzó sobre el caballo y lo abrazó para impedir que lo siguieran azotando. Se cuenta que, mientras detenía al cochero, susurró unas palabras al oído del caballo que nadie escuchó. Finalmente, lo arrestaron por alterar el orden público. A partir de ese incidente, su salud mental se deterioró. Lo ingresaron en un asilo psiquiátrico, aquejado quizá de demencia, donde vivió en silencio hasta su fallecimiento diez años después.

A veces me he preguntado qué habría pasado con Nietzsche si hubiera podido recibir una atención terapéutica adecuada. Juguemos a imaginar su constelación. Coloquemos en escena a su padre autista, que murió cuando él era un niño, a su madre abnegada, a un hermano que murió de unas convulsiones pocos meses después de la muerte del padre, a algunas de sus tías, afectadas de enfermedades psiquiátricas (una de ellas se suicidó), a su hermana nazi, que manipuló algunos de sus textos para alinearlos con las ideas de Hitler. Me gusta pensar que, de haber participado en una constelación, Nietzsche habría podido superar o entender mejor los tormentos de su vida. Creo que fue un iluminado fuera de contexto, un adelantado a su tiempo. Si hubiera gozado de un entorno cultural diferente al de la Alemania de finales del XIX, si hubiera nacido en Oriente, quizá no habría padecido tanta falta de reconocimiento, comprensión y respeto.

Siempre me ha emocionado el abrazo de Nietzsche al caballo apaleado en las calles de Turín, y esas misteriosas palabras que le susurró al oído, tal vez de perdón. Pero ¿y si hubiese abrazado también al cochero? A veces, un pequeño gran acto de bondad es capaz de cambiar un destino.

La grandeza del corazón

Hace algún tiempo, leí en la prensa una historia conmovedora e impactante. Se trata de la historia de Eddy Hekman y su esposa, un matrimonio holandés que acogió en su casa al asesino de su hija, un joven refugiado procedente de Benín. A primera vista, esta decisión puede parecer extraña y controvertida, pero Hekman aseguró en sucesivas entrevistas que, ante la tragedia y el dolor, trató de comprender las circunstancias que habían empujado a Alasam, su yerno, a asesinar a su hija. En su búsqueda de respuestas, Hekman ensambló las piezas del rompecabezas, descubriendo que al joven le habían negado de manera definitiva su solicitud para permanecer en los Países Bajos como refugiado y que tomaba antidepresivos. En el juicio, de hecho, llegó a considerarse la posibilidad de que Alasam hubiese sufrido un brote psicótico transitorio a consecuencia de la medicación. Hekman y su esposa hicieron una apuesta valiente y extremadamente generosa, que es un claro «sí a la vida».

Existe otra historia, esta vez sobre una madre que perdió a su hijo a manos de otro joven. En un primer momento, la madre le dijo al asesino: «Voy a matarte». Sin embargo, de manera sorprendente, a partir de ese momento, comenzó a visitarlo en la cárcel todas las semanas. Le llevaba cigarrillos, chocolate y comida. Lo trataba muy bien. Cuando el muchacho salió, ella le propuso que fuera a vivir con ella. Entonces, el muchacho le preguntó: «Dijiste que me matarías». Y la madre respondió: «Ya te he matado. He matado al asesino que había en ti». Este es un gesto de amor casi sobrehumano.

Se cuenta que, en ciertas regiones de África, existía una tradición que dictaba que el perpetrador de un homicidio estaba obligado a convivir con la familia de la víctima, como un gesto simbólico de reparación y retribución. En muchos de los conflictos del continente africano, las mujeres han emergido como artesanas de la reconciliación, fomentando la convivencia incluso con los asesinos directos de sus seres queridos. Me impresionó el caso de Alice, una tutsi superviviente del genocidio de Ruanda, que vive con Emmanuel, el asesino de la etnia hutu que mató a su marido y sus hijos, y que además le cortó la mano a ella con un machete. A pesar de todo lo que sucedió, han dado charlas juntos por todo el país para reivindicar la necesidad de la reconciliación.

Frente a situaciones tan traumáticas, algunas personas logran ensanchar su corazón, desarrollando sentimientos de amor o compasión hacia el perpetrador, sin desearle mal alguno. En constelaciones familiares, sabemos que perpetradores y víctimas quedan vinculados en un mismo sistema familiar. Cuando alguien comete un asesinato en nuestro sistema, la víctima queda unida a nuestra red de vínculos. Si alguien fue asesinado o violado, el perpetrador también pertenece a nuestra red. Incluso en contextos de violencias, guerras y derivas sociales, el alma o mente grupal del sistema genera una exigencia de reconocimiento y de amor para todos.

Este es un asunto difícil de procesar para muchas personas que acuden al trabajo terapéutico y de constelaciones. Amar a nuestros enemigos es una advocación cristiana, recogida y comentada ampliamente en los Evangelios; llevarlo a la vida real y cotidiana es otra cosa. «Amad a vuestros enemigos, bendecid a los que os maldicen, haced bien a los que os aborrecen, y orad por los que os ultrajan y os persiguen», dice Jesús en Mateo 5, 43-44. ¿Cómo se logra algo así?

Cuando las constelaciones familiares proponen amar a aquellos que nos han causado dolor, no están hablando de un amor emocional. Frente a los «enemigos» que nos maldicen, aborrecen, ultrajan o simplemente nos causan daño, no es necesario, y a menudo ni siquiera posible, experimentar amor como sentimiento realmente sentido o como una voluntad de cercanía y cariño. Se requiere un tipo diferente de amor: aquel que no impide el enojo, la tristeza o la repulsión. Un amor que solo exige que nos rindamos, que nos inclinemos ante la realidad tal como ha sido, abarcando todo y a todos tal como fueron y son. Bert Hellinger llamó a este amor «amor del espíritu».

Podemos recurrir a este amor espiritual, no porque nos guste lo que sucedió, ni siquiera porque lo aprobemos, sino solamente porque así fue y porque todos merecen ser mirados, incluso los peores perpetradores, para privar al odio de su poder destructor sobre la vida.

La cura del amor absoluto

Como ya vimos en el primer capítulo, la dialéctica entre exclusión e inclusión es una de las más importantes en la vida. La gramática copulativa propia de las profundidades del corazón madurado nos diría: «Tú sí, y tú también», «mi padre sí, y mi madre también», «el asesino y su víctima, juntos». Y en la Gran Alma de la que formamos parte todos tendrían un buen lugar y no habría exilios.

Orientarnos hacia este objetivo ya es un logro, un desarrollo del corazón. Lo común es que los sistemas estén llenos de exclusiones aparentemente protectoras, pero que generan sufrimiento no solo a los excluidos, sino al futuro del sistema familiar. No en vano, el exilio ha sido un castigo practicado con afán de destrozar el yo social o familiar de las personas, transmitiendo al exiliado la idea de que ya no tiene el derecho de pertenecer a la familia o comunidad. Los perpetradores y dañadores suelen ser excluidos como un mecanismo de defensa, a veces cargado de lógica, pero también se excluye a las víctimas, porque atormenta mirar los daños y las vergüenzas.

En la exclusión siempre se establece una dialéctica entre la mente y la realidad. Nuestro yo personal dice: «Excluyo tal hecho del corazón porque no lo juzgo adecuado ni legítimo. Así me protejo». O «lo excluyo porque me duele». Sin embargo, la realidad no se cuestiona ni se excluye a sí misma.

En constelaciones, se observa que aquello que excluimos generalmente nos persigue, convirtiéndose en parte de nuestra sombra. Y no solo a nosotros, sino también a nuestros descendientes. Cuando alguien se dispone a apretar el gatillo de una pistola, ojalá supiera que en este acto está determinando el destino de sus hijos y de los hijos de sus hijos. Su víctima tal vez se convierta en un excluido, de modo que, probablemente, su hijo o su nieto se identifique con la víctima y desarrolle muy poco apego a la vida, tomando conductas de riesgo, flirteando con la muerte, como una absurda manera de expiar la culpa del padre.

Un trabajo central en las constelaciones es remarcar la importancia de la inclusión. Inclusión no solo de las personas, sino también de los hechos, de la realidad tal como es en cada momento. Un principio existencial de las constelaciones afirma que todo lo que es tiene derecho a ser de la manera en que ha sido, y que todos los que son tienen derecho a ser y a formar parte, independientemente de lo que hayan hecho. Además, todo lo que somos, momento a momento, también reclama nuestro acogimiento. En la vida, necesitamos ascender a otra dimensión amorosa que va un poco más allá de las elementales pasiones humanas. Estas pasiones emplean herramientas emocionales muy precarias, como son el excesivo rechazo o la excesiva apropiación, la alocada apertura o el cierre extremo al contacto y al amor. Se hace imprescindible, en consonancia con lo que estoy explicando en este capítulo, un trabajo psicoespiritual. Las conductas de Eddy Hekman y su esposa, de la madre que redimió al asesino de su hijo o de Alice, la viuda de la etnia tutsi, quizá nos resulten muy difíciles de comprender. ¿Están al alcance de todos? ¿Alguien puede imaginarse cómo reaccionaría ante el asesinato de su propia hija o hijo? ¿Cómo nos experimentaríamos como hermanos, hijos, maridos o mujeres de alguien que ha sido asesinado? ¿Qué sentiríamos? ¿Qué nos ocurriría?

En cierta ocasión, le preguntaron al dalái lama cómo lograba no sentir rencor hacia los chinos, quienes infligieron tanto sufrimiento a los tibetanos al matar a muchos de ellos, destruir bienes culturales y adueñarse del país con la fuerza del fuego. El dalái lama, riéndose, respondió: «Bueno, ya nos hicieron mucho daño. ¿Te parece que sería prudente regalarles también nuestro enojo?».

En muchas patologías, desde las más elementales hasta las más graves, desde las enfermedades físicas hasta los trastornos mentales, al explorar sus fuentes emocionales y relacionales, descubriremos matices vinculados con la exclusión: hay algo que no fue mirado, integrado y metabolizado, hay alguien que fue apartado porque su recuerdo era demasiado doloroso o generaba demasiado tormento.

Si tuviera que resumir en una simple sílaba lo más importante de la vida, escogería el afirmativo de la existencia: el *sí*. Y si se me permitiera tomar una letra elemental sería la *y*, el copulativo que une. Estas dos simples palabras pueden evitar guerras, empezando por las guerras que libramos en nuestro interior. La mayoría de las personas se encuentran en una contienda beligerante con sus propias partes internas. Seguramente, cultivaríamos una mayor amistad con nosotros mismos al convertirnos en discípulos del «sí» y de la «y». «*Sí*, a veces me siento idiota *y* a veces me siento inteligente.» «*Sí*, a veces me siento seguro *y* a veces inseguro.» «*Sí*, a veces me siento maravilloso *y* a veces horroroso.» ¡Todo ello forma parte de mí!

Cuando se habla de autoestima, el reto consiste en amarnos con todo aquello que nos visita y vivimos a cada instante. No es fácil, pues a veces nos visitan contenidos que rechazamos impetuosamente, como la ira, la pena o la vergüenza. La exclusión empieza por nosotros mismos y luego se extiende al vecino y al vecindario. Pero, como dice Hellinger, el alma anhela la completud y no tolera las exclusiones. La felicidad, en un sentido absoluto, es el amor absoluto a todo lo que es. Y lo mismo puede decirse de la salud.

La mayoría de la gente busca protegerse de aquello que les ha causado molestia o dolor. No obstante, es crucial distinguir entre actuar para establecer límites, protegernos, ponernos a salvo o decir no a lo que no nos beneficia, y el rechazo a las manifestaciones genuinas del corazón. Este rechazo puede brindar una protección temporal, pero a la larga, enferma, desgarra y fragmenta nuestra integridad.

Cuando se dice que la única cura es la del amor, creo que es literalmente cierto. Aquello que podemos amar y apreciar nos libera. Y aquello que no podemos apreciar ni amar nos ata y drena nuestra energía de vida.

Trabajar un aborto

Una pregunta que suele surgir en constelaciones es cómo sanar un aborto. Son muchísimas las mujeres, y también algunos hombres, que acuden con un duelo y tormento interior no resuelto referido a este asunto, tan doloroso como habitualmente excluido. Más allá de las posturas ideológicas respecto al aborto, muchas personas, y en especial mujeres, experimentan culpa, y a menudo la expían o se castigan, con más o menos consciencia de ello. Es un tema especialmente delicado para una mujer, pues la decisión finalmente es suya.

Un aborto duele en el alma, y juzgarlo de manera dogmática desde cualquier ideología es una falta de respeto hacia el dolor y hacia la libertad de una mujer. Es uno de los asuntos humanos donde más claramente se conjugan las dos grandes fuerzas que nos mueven: la sexualidad y la muerte. Nunca es algo inocuo o baladí. Intentar procesar un aborto como una operatoria administrativa o ideológica resulta ineficaz, ya que toca fibras demasiado profundas del mamífero que vive en nosotros. Y conviene escucharlas para poder lograr una buena integración.

Es difícil integrar un aborto cuando lo vive alguien muy joven: muchas mujeres que abortaron con diecisiete, dieciocho o incluso veinticinco años, a menudo carecían de recursos emocionales para poder mirar de frente el dolor de los hechos. Lo que ayuda, en estos casos, es no abstraerse de la realidad, sino reconocerla: «No te quise». «Te entregué a otro movimiento, y de esta manera te doy un bonito espacio en mi corazón.» «Me rindo ante esta voluntad que ha actuado, también, a través de mí.»

Me he encontrado con dinámicas donde un aborto no integrado a veces se penaliza y se expía. La mujer que abortó se aplica un castigo, a menudo de forma inconsciente. Por ejemplo, renuncia a tener pareja, a su sexualidad, al orgasmo, a su felicidad. O bien se enferma. Todo esto ocurre más allá de las ideologías, y quiero insistir en que no tomo una posición moral al respecto, solo describo lo que observo.

Una vez, durante un taller de constelaciones, trabajé con una mujer que había sido enfermera durante muchos años en una clínica abortista. Después de hacer una constelación con ella, la siguiente persona que salió a trabajar fue otra mujer que se presentó como la presidenta de una sociedad antiabortista. Sus asuntos, sin embargo, eran complejos y no tenían nada que ver con sus ideas al respecto. ¿Qué importan las ideologías? ¿Qué importan las ideas frente a la realidad de los hechos y de los movimientos emocionales que generan? Si algo me indica mi experiencia es que las posiciones ideológicas solo complican las cosas.

Como mencionaba anteriormente, he visto a mujeres que expían su sensación de culpa por un aborto a través de enfermedades, y la enfermedad suele desempeñar un papel importantísimo en los asuntos sistémicos y biográficos como una manifestación de procesos que no logramos mirar o reconocer. En un taller, una mujer con cáncer compartió que, cuando recibió el diagnóstico, su primer pensamiento fue que era el castigo por un aborto. ¿Qué hacemos con esa clase de ideas fatalistas? En constelaciones, trabajamos para identificarlas, integrarlas y disolverlas. Me parece penoso que construyamos desdicha sobre algo que, en general, ya fue difícil.

He visto también a mujeres que venían a consultarme aferradas a una persistente negación de la realidad, con ideas como: «No he tenido este hijo, pero no importa, tendré otro». En el siguiente intento, es probable que la persona trate de encontrar inconscientemente al hijo que no tuvo. De modo que, en constelaciones, ponemos especial atención a los abortos que ocurrieron en el sistema, y los «contabilizamos» como un miembro más de la familia, mirando y reconociendo su existencia.

Siempre recomiendo llevar una buena contabilidad sobre los hijos. Esto significa: «A este lo aborté, y ocupa un lugar en mi corazón y, en cambio, el siguiente vive y ocupa también un lugar en mi corazón». Significa integrar, albergarlo todo y a todos. En cambio, el intento de hacer como si el aborto no hubiera ocurrido nunca funciona, pues el siguiente hijo puede acabar «representando» al que fue abortado, y una parte de sí mismo tal vez se sienta como si no tuviese pleno derecho a vivir. No ayuda en la vida decir: «¡Yo no he sido!». Lo que realmente ayuda es decir: «¡Yo he elegido! ¡Y lo asumo!».

El buen perdón

Cuando me preguntan cómo perdonar, aceptar y dejar atrás el pasado, sugiero tomarse el tiempo necesario, actuar sin prisa, poco a poco. Los procesos existenciales no son un pestañeo, sino un caldero de cocción lenta y sutil. Las constelaciones son una herramienta humilde. Como decíamos, una constelación, con suerte, estimula un proceso, pero no basta siempre como herramienta única. A menudo, también se necesita un proceso terapéutico o una disposición a trabajar con uno mismo día a día.

Más allá del proceso personal de cada uno, ¿qué significa perdonar? Propongo una reflexión: el perdón que viene del yo es limitado; el verdadero perdón es un pleno asentimiento. A veces, siento inquietud cuando las personas buscan perdonar a quienes les hirieron. Me pregunto: ¿quiénes nos creemos para perdonar a otra persona? ¿O quiénes somos para condenar o absolver a los demás? ¿Desde qué lugar interno actuamos, desde qué convicción? ¿Nos podemos permitir el lujo de elevarnos por encima de los demás, de concedernos el poder de perdonar o juzgar y condenar? ¿Creemos que podemos elevarnos incluso por encima de nosotros mismos para dispararnos o perdonarnos? ¿No estaremos, de esta manera, usurpando una labor que solo compete a Dios?

Creo que resulta más útil indagar quién o qué está herido dentro de nosotros, ya que el problema no radica en lo que sucedió, sino en cómo seguimos revolcándonos en el pasado. Cuando comprendemos ese punto, cuando nos quedamos desnudos ante esa realidad, comienza por fin el verdadero trabajo terapéutico: identificar cómo se nos partió el alma. Es esencial descubrir cómo uno se sobrepuso a lo que dolió, qué defensas construyó, cómo el ego aprendió a protegerse, si adoptó una postura de rigidez o de arrogancia o victimista. Lanzo este aviso a navegantes: es sorprendente comprobar cuántas veces el ego se cuela en ciertos tipos de perdón, cuando, en verdad, el paso más importante es el que nos lleva a rendirnos. Y otro punto a tener en cuenta: es necesario tratar con cariño a la dialéctica de los yoes internos que a cada uno le ha tocado vivir, amarlos a todos, ya que en su momento nos fueron útiles, aunque en la actualidad ya no lo sean.

Siempre es necesario cultivar el amor hacia uno mismo. Podemos emprender un viaje desde el adulto que somos para encontrarnos con el niño que fuimos en distintas etapas de nuestra vida: a los cuatro, a los ocho, a los doce años. Y decirle: «Vengo del futuro. Veo que estás sufriendo y he viajado hasta aquí para abrazarte con el corazón». En este ejercicio, el adulto abraza a la criatura herida, reconociendo que en la infancia no teníamos recursos para manejar situaciones confusas o dolorosas. Los adultos deberían habernos cuidado, aunque tal vez no supieron cómo hacerlo o ni siquiera se dieron cuenta de nuestro sufrimiento. Con esta práctica sencilla, podemos establecer un diálogo entre el adulto y el niño, dejando que este último también nos enseñe algo; por ejemplo, puede llevarnos al cuerpo, mostrarnos cómo incluir todas esas sensaciones que seguimos viviendo como amenazadoras y de las cuales podríamos pensar que debemos huir. Esto debe hacerse poco a poco, pues este aprendizaje requiere de paciencia y conciencia, de un trabajo de atención corporal que nos lleve a sostener las sensaciones que vamos experimentando, a respirarlas y tolerarlas.

Al final del proceso, uno puede mirar a aquellos con quienes, por ejemplo, compartió el trauma del abuso. No va necesariamente a perdonarlos, sino que dirá: «Así tomo lo que sucedió, y como niño inocente que era, dejo íntegra la culpa y la responsabilidad contigo. Me hago libre y sigo mi camino». Si los que nos infligieron dolor fueron personas muy relevantes para nosotros, a quienes quisimos mucho, como nuestros padres, podemos decir: «Así lo tomo», «me dolió mucho, y así lo tomo». Y añadir: «Dejo la culpa y la responsabilidad con vosotros. Porque erais los adultos y yo era el niño, y os sigo queriendo y mantengo mi inocencia». En lugar de hablar de perdón, un acto que a menudo viene teñido de arrogancia, podemos referirnos a un «buen perdón», que implica ante todo una aceptación profunda, liberadora, y que a veces incluso permite una reconexión o un nuevo comienzo con quien nos hirió o con aquello que nos hizo sufrir.

Desmontar los ladrillos de nuestra cárcel

Imaginemos que un hijo le dice a su madre: «Te perdono». Si mi propio hijo usara estas palabras para referirse a nuestro pasado paterno-filial, pensaría que ha caído en la más absoluta arrogancia. Preferiría algo más constructivo, por ejemplo: «Mira, cuando tenía ocho años pasó esto y aquello, y me lastimó. Lamento que no te dieras cuenta de que estaba pasando por algo así. Me dolió, y me ha costado, y a veces aún me cuesta, hacerle espacio a lo que sucedió y no estar enfadado contigo».

El perdón, en ciertos casos, no es diferente del juicio o la acusación, pues al perdonar nos elevamos por encima de quienes nos hicieron daño. ¿Y cómo se cura ese tipo de orgullo? Tal vez, con la sencilla frase bíblica: «Hágase tu voluntad». Para muchos, entregarse al sentido profundo de esta oración significa un desafío, ya que abarca, al mismo tiempo, los dos conceptos más esenciales de este libro y de la vida: inclusión y asentimiento.

Como he dicho antes, cuando se ha sido herido, alcanzar la paz es un proceso que debe transcurrir sin apuros. Sin embargo, subrayo otro aspecto fundamental: hay que querer cambiar. En ocasiones, no está claro si realmente queremos cambiar. A veces preferimos la lealtad a nuestras heridas y los beneficios neuróticos que obtenemos cuando nos posicionamos en un rol de víctimas. Generalmente, la gente solo quiere cambiar cuando tiene la necesidad de hacerlo, es decir, cuando sufre. Esto suele ocurrir cuando las relaciones de pareja, con los hijos o la salud se ven afectados. Entonces, uno siente la motivación para transformarse. En caso contrario, es difícil, pues solemos darles demasiado espacio a los mecanismos de defensa que apuntalan nuestro ego herido y que nos protegen de los cambios. Así, lo que resultó útil para defendernos de una vieja herida, después se convierte en los ladrillos de nuestra cárcel.

El sabio y místico Georges Gurdjieff hablaba de la necesidad de experimentar un «sufrimiento consciente» para desmontar los ladrillos de nuestra cárcel. Se requiere, pues, un constante «recuerdo de sí» que no eluda, sino que se sumerja en lo doloroso. Como decía el filósofo Emil Cioran: «A la mayoría de las personas les falta la audacia de sufrir para dejar de sufrir».

4

EL ALMA FAMILIAR

Ego, narrativas sistémicas y gramáticas del corazón

> La familia y la red familiar tienen un alma y una conciencia comunes que vinculan y dirigen a los miembros de una familia de acuerdo con un orden básicamente inconsciente.
>
> Bert Hellinger

Las constelaciones familiares son sistémicas, relacionales y fenomenológicas. A la par, también son existenciales, pues vibran en ese lugar donde nos lo jugamos todo: la frontera entre el amor y la muerte, los vínculos y las relaciones. También son humanistas, porque propician la veracidad, la honestidad y el encuentro dialógico, más allá de ciertas derivas directivas, esotéricas y autoritarias por parte de quienes se toman las constelaciones como un tipo de magia popular. Son igualmente comunales, porque agregan mucho valor cuando se trabaja en grupo. Y, por último, son espirituales, pues gozan de un marcado carácter transpersonal.

También podemos hablar de lo que no son. No son una pseudociencia ni pretenden convertirse en ciencia, al menos no es mi intención, a pesar de que cada vez existen más evidencias académicas de su validez terapéutica.[1] Tampoco son la panacea, si no se acompañan de un buen proceso terapéutico o de una voluntad decidida en crecer como seres humanos y desarrollar nuestra conciencia. Y, por supuesto, no tienen que ver con la magia o la brujería.

Los lenguajes del inconsciente

En otros tiempos, brujas y alquimistas gozaron de cierto prestigio. Antes de que la función del logos se hiciera con el poder, prevaleció la función del mito. Tenía por objeto proveernos de explicación y seguridad para afrontar mejor

1. Los investigadores del Centro Waypoint para la Salud Mental de Penetanguishene, en Canadá, junto con los departamentos de Psiquiatría y Filosofía de las Universidades de Toronto, Hamburgo en Alemania y Groninga en los Países Bajos, publicaron recientemente una ambiciosa revisión sistemática sobre los beneficios terapéuticos de las constelaciones familiares, que este grupo de expertos define como «una intervención grupal a corto plazo que tiene como objetivo ayudar a los clientes a comprender mejor y luego cambiar sus experiencias conflictivas dentro de un sistema social, como la familia». Esta revisión analizó 4.200 registros sobre estudios prospectivos cuantitativos sobre constelaciones familiares, de los que finalmente se eligieron doce por cumplir todos los criterios de inclusión necesarios. El objetivo de esta revisión fue sintetizar la evidencia empírica sobre tolerabilidad y efectividad de las constelaciones para mejorar la salud mental. Nueve de los doce estudios demostraron una mejoría significativa en los usuarios después de la intervención (mientras que los que no mostraron mejoría recogían datos de menor calidad metodológica). La conclusión del estudio fue que la terapia de constelaciones familiares es una intervención efectiva con importantes beneficios para la salud mental en la población general, a pesar de que la cantidad y calidad general de la evidencia es baja. Existen otros muchos estudios sobre el tema. Se puede acceder a este en concreto a través del siguiente enlace: <https://pubmed.ncbi.nlm.nih.gov/33528854/>.

la incertidumbre de la vida y la herida inclemente del mundo. No solo el mito, que conecta con los arcanos del alma, también el rito cumplía una función sanadora. Al ser el rito un procedimiento eminentemente social, el individuo se siente arropado por el grupo, lo cual resulta tónico y salvífico en sí mismo, de ahí la importancia de las terapias en grupo.

La psicoterapia, como la entendemos hoy, es algo nuevo, aunque posea unas profundas raíces históricas. A lo largo de la historia, siempre ha habido formas de ayuda para superar los desafíos y encrucijadas de la vida, los momentos difíciles del camino, así como para afrontar los males del alma, las pérdidas o los traumas. Todo esto ha persistido, y sigue haciéndolo, al margen del marco científico empirista, que no existía como realidad epistemológica en aquel entonces y que pretende ostentar su soberanía en la actualidad.

En tiempos pasados, la ayuda podía encontrarse no solo en la filosofía, cuyo propósito siempre ha sido alcanzar una buena vida mediante la sabiduría y la templanza, sino especialmente en el mito y en lo poético; al menos, así era antes de Platón, cuando, en la Grecia del siglo IV a. C., los filósofos se irguieron sobre los poetas en la disputa sobre cuál de las dos disciplinas albergaba una verdad más profunda.

La ayuda también se hallaba en la religión, el animismo, los estados de trance propiciados por los vuelos chamánicos de los médiums y heraldos del inframundo y de los muertos, o en las corrientes espirituales (basta tener en cuenta la extensa sabiduría psicológica de los budistas o de los místicos del cristianismo). Y, sobre todo, antes de que se expandiera por doquier el imperio del logos, se valoraba la asistencia proporcionada por las hoy casi olvidadas sanadoras y curanderas. En esa era previa a la caza de brujas, la medicina y la curación estaban en manos de las mujeres, quienes durante siglos actuaron como médicas sin títulos, encargándose de dar vida, velar por los muertos, sanar y alimentar, hasta que ese poder les fue definitivamente arrebatado.

Ni que decir tiene que la ciencia nos ha traído mucha seguridad y hay que honrarla y aplaudirla, pero seríamos necios si redujéramos el vivir y el conocimiento a lo que la ciencia puede abarcar, y sepultáramos lo poético, lo mítico, lo somático, lo social y lo ritual, lenguajes que son del agrado del inconsciente y de nuestra mente intuitiva cuando el imponente neocórtex se distrae un poco.

Como es bien sabido, la psicoterapia busca con frecuencia eludir el excesivo control de la mente racional. También es cierto que, para algunos tipos de personalidades, histriónicas o desorganizadas, puede buscar fortalecerla. En cualquier caso, el propósito es siempre abrir ventanas al inconsciente y a la mente emocional e instintiva, donde residen los poderes naturales de la verdad y de la sanación. No solo somos máquinas pensantes, sino también mamíferos poéticos, llenos de magia, imaginación y sentido social.

Relatos liberadores

Cuando hablamos de trabajar sobre uno mismo, de llevar a cabo un trabajo interior, a veces obviamos que la mayoría de las terapias y los caminos espirituales trabajan no solo con el yo, sino en especial con el otro, con los vínculos y relaciones, con la comunidad. ¿Cómo nos afecta la dinámica con los demás y con los grupos? ¿Cómo influye esto en nuestra propia percepción? La evolución de una relación, las pérdidas, los sinsabores, las incomprensiones, las experiencias sociales desafiantes o humillantes, así como los éxitos y logros, los desamores y las frustraciones intrínsecas al complejo tejido del amor son todos elementos que inciden directamente en nuestro trabajo interior.

Somos seres esencialmente relacionales y comunales, y las constelaciones trabajan de una forma privilegiada con los vínculos y las relaciones en un formato escénico que permite no solo hablar de lo que sucede, sino visualizarlo. Presentan una metodología visual, gestual y coreográfica, donde la red de conexiones y sus coreografías existenciales se despliegan ante los ojos de la persona. Esta representación ofrece una visión profunda de dinámicas vinculares que a menudo estaban enterradas en el inconsciente o apenas intuidas. La clarificación resultante favorece la toma de responsabilidad y facilita cambios emocionales significativos.

Nuestras relaciones y nuestros vínculos suelen estar teñidos y mediatizados por nuestra narrativa, por nuestra ideología, por nuestros pensamientos y por las profecías que construimos sobre cómo suceden o funcionan las cosas. En suma, por aquello que nos contamos sobre cómo son las personas, las relaciones o la vida. Pero todos estos recursos, aunque puedan servir como escudo protector ante aquello que nos ha hecho daño en el pasado, desplazan la lectura o el encuadre que nos liberaría.

Los relatos que nos contamos son los barrotes que nos encarcelan. Nos convencemos de que el mundo es peligroso, desafiante o dañino. La mayoría de los abordajes terapéuticos cuestionan estos mitos y creencias, fraguados al amparo de la historia infantil y familiar. Las constelaciones tienen, además, el poder de abrirnos a otras perspectivas potencialmente liberadoras, a relatos alternativos que tienen la particularidad de sanar, de liberar y de traer la paz.

El poeta del Alma

Un desafío para todos consiste en transformar condicionamientos limitantes e implicaciones sufrientes en movimientos de vida. En palabras de Walt Whitman en *Hojas de hierba*: «Soy el poeta del Cuerpo y soy el poeta del Alma,/Los dones del cielo están conmigo y los tormentos del infierno también están conmigo,/Los primeros los multiplico e injerto en mi ser; los segundos, los traduzco a un nuevo lenguaje». ¿A qué lenguaje se refiere? Personalmente, creo que es el lenguaje de la vida o el lenguaje del buen amor. Por lo tanto, considero que es un reto y una tarea para todos mirar los dones del cielo y las grandes bendiciones de nuestro sistema familiar y de dónde venimos. Y también atreverse a mirar los tormentos que nos afligen, reconocerlos claramente y reconvertirlos a un nuevo lenguaje: el de la vida.

Descubrir, por ejemplo, que el sufrimiento de la abuela, humillada y lastimada por el abuelo, no necesita repetirse en la nieta es un poderoso hallazgo. La nieta tiene el poder de transformar el tormento de la abuela en un lenguaje de vida, permitiéndose a ella misma tener una buena relación de pareja o una buena mirada hacia los hombres. Este proceso implica dejar atrás destinos difíciles y vivencias que lastimaron a los anteriores, y reconocer que cada vida es movida por hilos singulares. Además, es importante entender que, aunque deseemos cambiar ciertas situaciones, no está en nuestras manos forzar los hechos, como cuando pretendemos salvar a nuestra madre de su tristeza, o cuando intentamos hacernos cargo de la vida de otra persona. En cambio, sí está en nuestras manos respetar los destinos de los demás.

Las reglas interiores que traducen los tormentos existenciales al lenguaje de la vida son muy simples: respeto, reconocimiento, inclusión, gratitud, amor y capacidad de asumir un cierto malestar por el hecho de dirigirnos hacia el lenguaje de la vida cuando otros no tuvieron tanta suerte. En otras palabras, se trata de saber llorar lo que sucedió, abrazarlo en el corazón y luego inclinarse hacia una voluntad más grande, la que impuso ese destino inclemente, de modo que lo difícil, traumático y trágico actúe en nosotros como impulsor de vida. El oficio terapéutico tiene que ver con facilitar que a través de las grietas de las personas se haga la luz. Como dice Leonard Cohen en su poema «Anthem»: «Los pájaros cantaron/al hacerse de día./Empieza de nuevo,/oí que decían./No pierdas el tiempo pensando/en lo que ya pasó/o en lo que aún no ha pasado.».

El poema de Cohen continúa con una frase muy interesante: «Tañe las campanas que aún puedan repicar./Olvida tu ofrenda perfecta.». En mi interpretación, esta es una advertencia contra la trampa del perfeccionismo, que quiere que las cosas sean distintas de cómo han sido o de cómo son en este preciso momento. Hay que saber despedirse del ofrecimiento perfecto, dejar de anhelar que nuestros padres o el curso del destino hubieran seguido un camino diferente.

Nadie puede dedicarse al trabajo de constelaciones o a ciertos niveles de psicoterapia sin amar las grietas. A veces, el terapeuta siente tanto temor al sufrimiento de sus pacientes que prefiere obviarlo o contarles cuentos bonitos. Es como cuando los padres le dicen al niño que está llorando porque se ha caído: «No duele, no duele». Pero sí duele. Y cuando se reconoce el dolor, el niño se siente atendido y se hace más fuerte.

Existencialismo y *esismo*

Reconducir una narrativa familiar dolorosa ya es, en sí mismo, un trabajo terapéutico enormemente sanador. Las constelaciones, no obstante, van mucho más allá del simple relato, de la construcción narrativa, de la ficción, como está tan de moda decir en esta era nuestra del *storytelling*, de los *spin doctors* y de la lucha por el relato.

En una ocasión, le pregunté a Hellinger si las constelaciones eran una terapia constructivista. Lo constructivista significa que la realidad se construye a través de nuestro relato y nuestra lente personal. Hellinger, un hombre osado y a veces lapidario en sus declaraciones, me respondió con rotundidad: «No. Las constelaciones no son una terapia constructivista. Son una terapia *esista*»; es decir, hablamos de una terapia que se centra en lo que es, en las cosas tal como son. Es atrevido decirlo así, pero lo cierto es que Hellinger nos da una lección al hablar de *esidad* como medida de la grandeza humana.

¿No será que las cosas simplemente son lo que son, a pesar de nuestros intentos por colorearlas según nuestras conveniencias y heridas profundas? ¿Acaso un padre deja de ser un padre, independientemente de cómo el relato familiar lo presente, ya sea como un gran hombre o como un miserable? ¿La muerte de alguien se atenúa porque su familia se empeñe en no aceptarla o someterla a la rudimentaria técnica del olvido? ¿La rabia o tristeza o cualquier otro sentimiento dejan de existir porque los reprimamos o los convirtamos en su opuesto por imperativo de nuestro personaje?

Mi impresión es que la realidad no puede ser eludida: debe ser reconocida. Los mejores relatos son los que la incluyen y la respetan, los que abren puertas y caminos de vida; por el contrario, los peores son aquellos que nos atrapan en sufrimientos y parálisis. Se sabe que ninguna creencia es verdadera en sí misma, porque toda creencia es un «saber sabiendo», y no un «no saber sabiendo», como decía san Juan de la Cruz en sus hermosos versos. Por ende, la pregunta determinante es si una creencia es útil o no, si es un vehículo o un obstáculo.

Más allá de que una constelación familiar pueda mostrar «lo que es» o se trate de una mera construcción, acaba planteando, sin duda, una confrontación entre el relato familiar del consultante y sus vivencias concomitantes. La constelación le devuelve la narrativa y propicia un diálogo creativo del que puede surgir un movimiento de mayor salud, paz y reconciliación. Ayuda a revisar y reconstruir los relatos partidistas, arbitrarios o interesados de nuestra historia, a clarificar nuestras limitantes creencias con sus raíces emocionales. Debemos considerar que la manera en que nos contamos la infancia, el papel del padre, de la madre, la dinámica familiar, nuestro lugar en el mundo, la esencia del mundo, entre otros aspectos, configuran relatos determinantes. Es conveniente que lo que nos contemos se acerque a la verdad, aunque duela, pues así seremos más libres. Como dijo Joan Manuel Serrat con versos de Antonio Machado: «Nunca es triste la verdad, lo que no tiene es remedio».

El «relator oficial» de la familia

Una parte de estos relatos familiares ha sido transmitida por el «relator oficial» de la familia, es decir, la persona con más ascendente en el sistema, que toma el papel de guionista del clan y construye una historia en la que algunas cosas o personas aparecen como maravillosas u heroicas, y otras como desastrosas o villanas. Este relator oficial, por alguna razón que se me escapa, es en un porcentaje mayor de casos una mujer: la madre. El hijo o la hija recibe un relato familiar que la madre le transmite, y si este relato dice: «Mi padre es un hombre muy valioso y extraordinario», así lo veré; y si dice: «Mi padre es un monstruo maltratador», entonces no habrá amor, ni comida ni agua para el padre: lo dejaré fuera de mi corazón, será excluido.

A veces, la madre puede excluir al padre. Claro está que, en algunas circunstancias, la dinámica se invierte. He sido testigo de diversos casos en los que el padre y su relato excluyen a la madre, o, por el contrario, la retratan como una heroína. Estos relatos, bajo la perspectiva patriarcal, tienden a presentarla en el mejor de los casos como sumisa y abnegada, mientras que en otros casos la presentan como pérfida.

El meollo de este poder narrativo reside en que el relato oficial con frecuencia funciona como una herramienta de exclusión. En situaciones donde este relato ha afirmado que el padre era un indeseable, la constelación puede proporcionar una narrativa diferente. Este nuevo relato también puede revelar aspectos desconocidos de la madre, sin descalificar ni reemplazar al primero; más bien, lo complementa y ofrece una perspectiva desde otro ángulo, dotando a las relaciones familiares de humanidad. La intención no es cambiar una retórica maniquea por otra igual, sino al revés. Las cosas no suelen ser lo que parecen. Corresponderá a los hijos iluminar los hechos familiares, investigándolos hasta alcanzar un lugar de objetividad, y fenomenológico, más allá de las apariencias.

Por supuesto, los roles de buenos y malos en las familias suelen ser intercambiables. Cuando uno de los dos miembros de la pareja no se aferra adecuadamente a la vida o tiene un deseo inconsciente de morir, puede crear un vínculo relacional lleno de demandas hacia el otro, generando malestar en la relación. Si no me sujeto bien a la vida, por mucho que exija a mi pareja que me sostenga en ella, no va a lograrlo completamente, ya que ninguna vida está en manos de otra persona. En estas danzas de relación predomina el desencuentro y la infelicidad, y tienen consecuencias. Por ejemplo, ante esta situación, mi pareja se retira emocionalmente, porque le falta mi calor y mi amor, y posiblemente intente llenar la carencia emocional sustituyéndola por el alcohol. A continuación, cuanto más bebe, más me retiro de él...

Jamás busco que las personas se sientan obligadas a aceptar que una constelación pueda determinar la verdad por encima de los relatos interesados. No otorgaría a ninguna constelación el estatus de «verdad oficial», incluso si estuviera convencido de ello. En el mejor de los casos, la constelación sugiere una explicación sanadora y coherente, que opera como representación para ayudarnos a reflexionar. Lo importante es el diálogo entre la constelación y el consultante, intermediado u oficiado por el terapeuta.

Como he dicho anteriormente, algunos consteladores piensan que lo que muestra una constelación es la verdad y la imponen. Aunque fuera así, el resultado no sería funcional, dado que investiría al terapeuta con un aura sacerdotal y profética fuera de lugar. Imaginemos al terapeuta como ungido transmisor de la verdad revelada por una constelación: el trabajo interior y responsable del consultante habría terminado antes de empezar y la constelación quedaría invalidada, sin alcanzar un lugar de una cierta objetividad.

Hechizos relacionales

Una constelación ofrece la oportunidad de dilucidar las raíces de nuestros problemas en la red de vínculos que conformamos, permitiéndonos comprender más profundamente nuestra identidad en este entramado relacional. También nos invita a confrontar la narrativa que hemos interiorizado y a desarrollar una narrativa diferente y funcional. Difícilmente la constelación nos devolverá la misma historia que llevamos dentro; si lo hace, será agregando matices nuevos.

Podríamos afirmar que nuestras narrativas, ideas y relatos nos mantienen atrapados en las problemáticas que experimentamos. Tenemos problemas porque somos ignorantes de nosotros mismos, no vemos la totalidad de la situación o no somos capaces de confrontar los hechos pasados ni de aceptar la verdad acerca de nuestra familia o de nosotros mismos. Así que, potencialmente, las constelaciones nos exponen a las verdades ocultas de ciertas dinámicas familiares o propias, que a veces están muy distorsionadas.

Al constelar, nos vemos ante la oportunidad de observar con claridad el propio árbol genealógico, sus dinámicas, sus sombras, de un modo en que lo que nos daña del sistema podemos convertirlo en nutriente, en semilla o abono. Esta metamorfosis de lo que nos ata en lo que nos libera fue expresada magistralmente por el poeta Machado en estos versos célebres:

Anoche cuando dormía
soñé, ¡bendita ilusión!,
que una colmena tenía
dentro de mi corazón;
y las doradas abejas
iban fabricando en él,
con las amarguras viejas,
blanca cera y dulce miel.

El objetivo es transformar las amarguras antiguas, esos asuntos sin resolver que abarcan no solo lo personal y biográfico, sino también aspectos transbiográficos y transgeneracionales, en blanca cera y dulce miel en el corazón. Las constelaciones familiares se fundamentan en la idea de que vivimos en una mente colectiva, parecida a una colmena de abejas. En este marco, cada persona está inmersa o influenciada por esa mente colectiva. Nuestra mente personal está totalmente condicionada por esta mente grupal, gregaria y más grande, que de alguna manera une y dirige a aquellos que forman parte de ella. En la mente grupal se cuece y define nuestra identidad, quién y qué somos, aquello que nos mueve y nos sucede. A esta mente colectiva, en constelaciones, a veces la llamamos «alma familiar».

Cuando Bert Hellinger visitó Barcelona en mayo de 1999 para presentar su trabajo sobre constelaciones, al explicar su metodología y llevar a cabo sesiones, utilizaba constantemente la palabra *alma*. Esta elección léxica impregnó sus talleres de un evidente sentido de sacralidad. Mi primera pregunta, en cuanto tuve oportunidad, fue directa: «Señor Hellinger, ¿qué es el alma de la que habla?». Respondió con su simple y habitual rotundidad: «El alma es una fuerza que une y dirige a aquellos que le pertenecen, y lo hace siguiendo ciertas reglas, leyes, órdenes, que cuando son respetados favorecen el bienestar y el desarrollo de las personas, y cuando son infringidos provocan malestar y sufrimiento».

Las cinco preguntas que guían mi trabajo

Las leyes de las que habló Hellinger son lo que en constelaciones familiares llamamos los *órdenes del amor*, término acuñado por san Agustín para referirse a una cierta ética u orientación virtuosa sobre lo que debe ser amado. Dentro del universo conceptual de Hellinger, significa inclusión, jerarquía y equilibrio. En el séptimo capítulo hablaré de eso ampliamente.

Suelo decir que hay cinco preguntas que me guían a la hora de trabajar en cada consulta. Estas cinco preguntas, que considero una forma de aplicar la teoría de los órdenes del amor al trabajo práctico en constelaciones, son las siguientes:

- ¿Qué o quién tiene que ser reintegrado al corazón del sistema para evitar que alguien sufra al representarlo?
- ¿Qué lugar debemos ocupar claramente para evitar alteraciones y sufrimientos para todos?
- ¿Qué equilibrio en el intercambio debe ser restaurado o reequilibrado para que nadie tenga problemas?
- ¿Qué destinos deben ser respetados para evitar su repetición?
- ¿Qué estaba separado y ahora necesita ser unido y reconciliado?

La primera pregunta se relaciona con el primer orden del amor, el cual nos habla de la importancia de la inclusión. El alma familiar anhela estar completa y no admite exclusiones, pues estas son una manera de burlar la realidad tal como es. Por lo general, quien intenta excluir es el ego, la mente que dice: «Te excluyo porque me caes mal, porque me has hecho daño, porque me dueles, porque eres gentil o judío o rico o pobre o del barrio de enfrente o porque no me gustas». Pero el alma colectiva milita a favor de la realidad en vez de oponerse a ella. La Gran Alma es inclusiva. Mejor nos iría si adoptáramos la convicción de que todos tienen derecho a pertenecer, a tener un lugar de consideración, con su vida tal y como fue, con sus méritos y deméritos, con su responsabilidad y su culpa, su comedia y su tragedia.

En constelaciones, al revisar el sistema familiar, a menudo se revela que alguien representa a otra persona que fue olvidada, excluida o que falleció prematuramente. Un amigo cercano, psicoterapeuta y experto en constelaciones, criado en un pueblo pequeño en la provincia de Zamora, me contó una historia muy ilustrativa al respecto. Un día, le llamó un conocido de su infancia y le dijo: «Necesito hablar contigo, llámame cuando vengas de visita al pueblo y me dedicas un rato, si puede ser». Al encontrarse, tiempo después, mientras caminaban por los campos, esta persona le confesó: «¿Tú sabes lo que es vivir en una casa donde hay una habitación llena de fotos de un niño que se parece a ti, pero que no eres tú?». En ese instante, mi amigo terapeuta recordó las historias de su madre, cuando le contaba que su amigo había perdido a un hermano que se ahogó en un estanque. Mi amigo terminó su relato diciéndome: «Cuando era pequeño, esta historia en boca de mi madre no tenía demasiada importancia, me conmovía, pero la olvidaba enseguida. Ahora, sin embargo, comprendo todo mejor. Aunque visité la casa de mi amigo en numerosas ocasiones, nunca me invitó a entrar a esa habitación. Fue cuando ya éramos adultos, durante nuestro paseo por el campo, que finalmente se atrevió a confesarme que aquel niño de las fotos era su hermano y que murió ahogado en un descuido de su padre».

Aquí se plantea una doble problemática: en primer lugar, la experiencia de alguien que siente que ocupa el lugar de un muerto; en segundo lugar, cómo esta persona sufre debido a la identificación con el ausente, sintiendo que su vida toma un rumbo que no le pertenece. Como resultado, experimenta una falta de libertad e individuación. ¿Cuál sería mi consejo para esta persona? Constelar esta situación y, sobre todo, llegar a un punto en el que pueda liberarse de ese pasado dejándoselo a sus padres. Este proceso implica honrar la memoria del hermano fallecido mientras practica una deslealtad dichosa frente a la pretensión del sistema familiar de convertirlo en un niño de reemplazo. Como profundizaremos más adelante, es fundamental llegar a respetar el destino de los miembros del sistema que han sufrido o fallecido, a fin de evitar la repetición de estos patrones.

Todas las familias han sido impactadas por hechos maravillosos y benditos: si estamos aquí es porque se han encadenado sucesos extraordinarios que nos han conducido hasta la existencia. Somos el éxito de nuestros anteriores. Ellos han impulsado la vida. Pero también nos acompañan hechos dolorosos. La pregunta crucial es: ¿cómo gestionamos las dificultades y el dolor del pasado? ¿Cómo logramos el movimiento que se necesita para asentir a lo que ocurrió, para rendirnos ante la voluntad de la vida? En resumen, ¿transformamos esas amarguras pasadas en blanca cera y dulce miel o dejamos que se pudran en nuestro interior, a veces por generaciones? Si tuviéramos el corazón siempre disponible para recorrer el proceso de asentir a la voluntad de la vida, estaríamos completamente sanos. Pero a veces, lamentablemente, nos resulta demasiado difícil.

Dinámicas de triangulación

La segunda pregunta está vinculada con el segundo orden del amor, que destaca la importancia de la jerarquía amorosa y la necesidad de una estructura ordenada en nuestras conexiones familiares. Esto implica que cada individuo debe ocupar su posición correspondiente, respetando la antigüedad en su llegada al sistema.

Este principio de orden no obedece a ninguna ideología, sino a una natural jerarquía amorosa entre anteriores y posteriores. Tal vez, a algunas personas no les guste la idea de que exista una jerarquía en la expresión del amor, pero esta no se plasma desde la imposición, o desde una cultura patriarcal, sino desde una realidad biológica y constituida en función de las necesidades de crianza de los hijos.

Una forma habitual de romper esta jerarquía y generar malestar es a través de las dinámicas de *triangulación*. Hablamos de triangulación cuando un hijo se convierte en un instrumento utilizado en una coalición o alianza, ya sea en actos de seducción o destrucción, por uno de los padres en contraposición al otro. Esta dinámica, invariablemente, causa perjuicios a los hijos.

A veces, el hijo adopta el papel de pareja invisible (metafóricamente hablando) de uno de los padres, e incluso puede representar a una pareja anterior de ese padre o madre. Nuestros padres llevan consigo mucha historia en sus corazones, al igual que nuestros abuelos. Por ejemplo, un padre podría haber vivido una gran historia de amor que terminó dolorosamente. En este caso, al tener una hija con una nueva pareja, el padre podría buscar inconscientemente en ella a la mujer que tanto amó. La hija, por su parte, podría comenzar a representar para su padre algo más que una hija. Así se establece un tipo de triangulación seductora. Tal vez, esta mujer exija algún día a sus parejas que la sigan viendo en este rol tan especial de hija maravillosa para el padre. Además, es probable que se cuestione: «¿Por qué tengo tan mala relación con mi madre?».

En mi experiencia trabajando con asuntos familiares, la cuestión de los hijos o hijas que han establecido un vínculo muy especial y privilegiado con uno de los progenitores es una de las más difíciles: a nadie le gusta renunciar a sentirse extraordinario a los ojos del padre o de la madre. Incluso asumiendo que esto trae problemas en la vida, cuesta mucho renunciar a semejante estatus. Esta situación pertenece al repertorio de lo que suelo llamar «heridas dulces», para diferenciarlas de las heridas amargas. Identificar y trabajar en estas heridas dulces es desafiante, ya que no se presentan como heridas evidentes, sino que están adornadas con vestiduras llamativas. Aun así, es fundamental comprender el coste asociado a ellas.

Equilibrio, destinos y reconciliación

Nos resta por abordar las últimas tres preguntas. Recordemos que la primera se refería al derecho de todos los miembros en un sistema familiar a pertenecer y formar parte, y hemos observado cómo, cuando alguien queda excluido, otro miembro más adelante tiende a representarle. En cuanto a la segunda, nos ha revelado que aquel que llegó primero al sistema tiene prioridad en la jerarquía o lugar, y, por ende, merece ser reconocido como tal. Como veremos a continuación, en lo que respecta a las tres preguntas restantes, guardan relación con el equilibrio, el destino y la reconciliación.

La tercera pregunta, así como el tercer orden del amor, aborda el equilibrio en el intercambio entre dar y tomar. Quien da poco, toma demasiado, no acepta lo que le ofrecen o abruma con su generosidad puede poner en peligro el vínculo al desequilibrarlo. El intercambio es al vínculo lo que la sangre al cuerpo humano: la vitamina o el nutriente sustancial de vida. Y mi tercera pregunta se vincula directamente con los equilibrios del dar y recibir: ¿qué intercambios entre dar y recibir necesitan equilibrarse para evitar que alguien experimente un sentimiento de deuda o se sienta acreedor?

Aceptar lo recibido de los padres se alinea con este orden. Como mencioné en *Dónde están las monedas*, algunos prefieren no tomar el legado paterno para evitar comprometerse plenamente con la vida. Por otro lado, hay quienes reconocen su desequilibrio con respecto a sus progenitores y a otras figuras educativas, como maestros, y compensan esta deuda cuando son adultos. En este proceso, entregan a sus propios hijos o a la vida en general lo que heredaron como dones.

En la relación con otros adultos, es crucial evitar quedar en deuda o sentirse acreedores, cuidando la igualdad de nivel y rango. Estas ideas, aparentemente simples, desafían constantemente los patrones de intercambio aprendidos en la infancia, lo que puede generar complicaciones. Para ilustrar, consideremos este caso: un consultante acudió a un taller de constelaciones con la sensación de que le faltó algo esencial de sus padres. En su vida posterior, reclamaba a sus parejas que llenaran aquel agujero inespecífico, demandando un amor que, paradójicamente, no aceptaba para poder mantenerse fiel a la carencia que experimentó con sus padres.

Nótese que el equilibrio entre adultos abarca tanto lo positivo como lo negativo. En este sentido, Hellinger propuso una idea brillante: cuando se trata de aspectos positivos, devolvemos un poco más, generando así un ciclo en el que cada parte se estimula a devolver aún más, fortaleciendo la relación de manera potente y amorosa. Por otro lado, en situaciones negativas, devolvemos un poco menos, cuidando así el equilibrio, pero también el amor en la relación, al compensar lo negativo con un daño menor al que nos han hecho. Podríamos decir que todos llevamos en nuestro interior un órgano, a modo de balanza, encargado de mantener la justicia relacional.

La cuarta pregunta se centra en generar una integración natural con todo tal como es, lo que significa inclinarse humildemente ante la vida, respetando lo que esta nos ha brindado, ya sea fortuna o desgracia. También nos invita a reflexionar sobre qué destinos tienen que ser respetados para que no tengan que ser repetidos. Este planteamiento implica una dosis de humildad. Por ejemplo, en ocasiones, la pérdida de un miembro de la familia lleva a nombrar a una persona posterior con su mismo nombre. Si la persona fallecida tuvo una buena vida, esto puede ser un respaldo para la nueva generación. Sin embargo, si su vida fue difícil o marcada por la tragedia, es crucial examinar detenidamente los acontecimientos para que la siguiente generación no se identifique inconscientemente con el pasado y para evitar que el destino adverso se repita sin conciencia. Después de un trabajo en constelaciones, son muchas las personas que logran abordar estas cuestiones con la claridad de saber que en su familia se han experimentado patrones recurrentes, como ahogamientos, enfermedades o abusos sexuales, entre otros, logrando que queden como pasado.

Por último, como quinta pregunta, hablaremos de la tendencia hacia la salud que supone la superación de las polaridades, tanto a nivel interno como a nivel relacional y sistémico. Si nos preguntamos qué aspectos internos deben integrarse para lograr así reconciliación, se despliegan múltiples dimensiones. En primer lugar, esta pregunta exige que nos planteemos qué partes de nosotros mismos deben ser reunidas y reconciliadas. Por ejemplo, podría ser necesario unir el yo que anhela la libertad y el yo que busca la conexión emocional, o el yo auténtico frente al yo necesitado de apego.

Sumado a esta perspectiva interna, surge otra dimensión sistémica e interpersonal. La cuestión que se plantea aquí es la siguiente: ¿Quiénes tienen que volver a ser unidos en mi interior, considerando que los experimento como separados? Podrían ser mis padres, víctimas y perpetradores, las dos familias de las cuales provengo, o incluso los grupos étnicos en conflicto de los que mi pareja y yo procedemos, entre otros. Las implicaciones de esta pregunta son muy amplias, no solo a nivel sistémico, sino también a nivel social y político.

Unir y reconciliar libera, mientras que separar y escindir enferma. Esta es una de las dialécticas fundamentales de las constelaciones, comparable a las dialécticas entre el yo y la voluntad o entre la energía de vida y de muerte. El trabajo de constelaciones se apoya en la constatación de que aquello que puede ser unido nos libera y, si hay algo que no se puede unir en la vida, al menos puede integrarse en nuestro interior.

Un porcentaje muy alto de personas cuyos padres se separaron tienen gran dificultad para unirlos en su interior. Esto puede deberse a diversas razones, como conflictos intensos entre ellos, competencia por el amor del hijo, percepciones dualistas de buenos y malos o dinámicas de triangulación y parentalización. Cuando un consultante tiene a sus padres disociados en su interior, a menudo le pido que diga frases como: «Os quiero a los dos, a mí no me corresponde juzgaros», o «Mamá, veo a papá con mis propios ojos, no a través de los tuyos». O al revés: «Papá, veo a mamá con mis ojos, no con los tuyos». O expresiones como: «Dentro de mí, estáis juntos», «Lo que para vosotros es una disputa no me incumbe ni me interesa», o bien «Os uno en mi interior por una razón sencilla: porque os unisteis para traerme al mundo, y en mi cuerpo, estáis juntos». Independientemente de si nuestros padres se juntaron para concebirnos, colaboraron en algún momento para cuidarnos o nos brindaron apoyo de manera separada, la idea es decirse a uno mismo: «Os junto en mi interior, lo demás no me concierne».

Esta unión en nuestro interior también es extensible a otros asuntos. Por ejemplo, uno puede tomar al abuelo que participó en la guerra y unirlo en su interior con sus víctimas, con las personas a las que fusiló. Ocurre algo parecido con los ricos y los pobres. Recuerdo una constelación en Bogotá que fue una demanda de trabajadores sociales que ayudaban a migrantes. En el año 2022, Colombia fue el segundo país, después de Siria, con más desplazados de guerra. En esta constelación, representamos a ricos y pobres, observándolos también en conflicto. Entonces, una de las personas que representaba a los pobres dijo algo muy revolucionario y muy gracioso: «Bueno, si ellos necesitan ser ricos...». Fue muy raro, pero aquella frase expresó también una grandeza de su corazón, cierta misericordia hacia esos pobres ricos tan necesitados de dinero.

Más allá de las soluciones

Animo a tener presentes las cinco preguntas que he enumerado y comentado, ya sea aplicándolas a la propia vida o incorporándolas al repertorio teórico de terapeutas consteladores y sistémicos. Estas preguntas contribuyen a incrementar el orden y el bienestar en los ámbitos familiar, personal y existencial, promoviendo así la paz en el corazón, deseo y norte de todo ser humano.

Además, insto a consteladores y consultantes a que tengan en cuenta que, en realidad, constelar no siempre es lo más importante en un taller de constelaciones. De lo que se trata, como he dicho a menudo, es de trabajar con uno mismo a través de la constelación. Lo verdaderamente significativo es el trabajo personal de toma de conciencia, el procesamiento emocional y corporal, bien sea mediante la constelación u otros métodos terapéuticos o psicoespirituales. No sé si el universo conspira para que avancemos y maduremos en nuestro camino hacia la conciencia (debo reconocer que me resultaría sorprendente que el universo se tomara la molestia de ocuparse de cada uno de una manera tan personalizada), pero no hay duda de que a veces parece que conspira para que aprendamos. Y, si no lo hacemos ni cambiamos, usa la vía de la azotaina.

Cuando una persona se sienta conmigo a trabajar, a veces le pregunto cuántas constelaciones ha hecho. En una ocasión, una persona me contestó que había hecho ya unas doscientas, aproximadamente. Mi respuesta fue: «Si es así, no puedo hacer nada por ti, ya que tú quieres hacer constelaciones, pero no quieres trabajar contigo». Repito: no se trata de hacerte una constelación, sino de entrar en un proceso terapéutico, de sintonizarte con un movimiento interior de responsabilidad y autoconocimiento.

Más importante que hacer una constelación es tener un para qué hacerla, un asunto real, un sufrimiento muy concreto. Es necesario que algo madure dentro de uno, que haya un objetivo. Hay que sentir la necesidad, y verse en ese momento en el que uno necesita mucho y desea poco, tal como ilustra el cuento de Mushkil Gushá, el leñador que, a pesar de su humildad y pobreza, confió en una voz interior. Siguiendo sus indicaciones, se colocó frente a un precipicio y dio un paso hacia el vacío. En ese instante, apareció una escalera de la nada que lo llevó a descubrir un tesoro entre las nubes. Enfrentar una constelación es de alguna manera similar a la experiencia de este personaje de la tradición oriental, requiere entrega y confianza en que algo positivo sucederá, permitiendo ordenar, reparar y abrir nuevos caminos en la vida.

Suelo trabajar en grupo, y si alguien viene a pedirme: «Garantízame que voy a tener mi constelación», mi respuesta es que no; de hecho, le aconsejo que no participe. No es mi manera de trabajar, ni mi enfoque. Quiero sentirme libre, no quiero compromisos ni sentirme obligado con nadie: prefiero escuchar a mi intuición. A mi parecer, solo se puede acompañar a otros desde la propia libertad. Cada terapeuta tiene sus reglas y sus encuadres, y estos son los míos. Confío, igualmente, en que las propias dinámicas que se generan en un taller grupal servirán como alimento, nutrición y proceso para todos sus participantes, como suele suceder. Por mis talleres han pasado muchas personas que no tuvieron su constelación personal, pero que maduraron y avanzaron mucho en la dirección de lo que necesitaban.

Por último, me parece que pensar en términos de solución, hablando de constelaciones, resulta pretencioso. Creo que habría que pensar más en términos de dirección, de proceso, de encontrar caminos, de orientación, de integración. De lo contrario, es como pretender que sean un producto acabado, cuando en realidad son más bien un movimiento. Todo trabajo terapéutico cumple una función principal, que es ponernos más cerca de nosotros mismos y en contacto con nuestras propias fuerzas para sanar.

La personalidad o carácter

A continuación, exploraremos algunos temas vinculados a las preguntas que orientan mi trabajo. En primer lugar, hablaremos de la personalidad o el carácter, considerándolos como configuraciones que se ajustan a las necesidades cambiantes del sistema familiar en cada momento. Bajo la perspectiva sistémica, es posible reinterpretarlos como elementos no completamente cristalizados ni inamovibles. Seguidamente, profundizaremos en los trastornos de lugar, así como en el poder y la influencia de los secretos familiares en los sistemas. Cuando estos secretos tienen cabida, en realidad revelan más de lo que ocultan, pero al mismo tiempo retienen información crucial que podría permitir a las generaciones futuras tomar conciencia y liberarse de posibles implicaciones sistémicas.

Muchos de nuestros problemas tienen sus raíces en las alteraciones de las jerarquías del amor y del lugar, pero se manifiestan en nuestro ser a través de la personalidad que hemos desarrollado como estrategia para lidiar con ellos. Esta táctica de afrontamiento tiende a ser automática, compulsiva y poco sujeta a racionalidad, porque se remite generalmente a improntas profundamente arraigadas en la infancia. En mi grupo de referencia profesional, comúnmente se la denomina carácter o personalidad falsa. Sin embargo, sería más preciso llamarla «personalidad no auténtica», ya que encierra una verdad más diáfana y profunda; por ejemplo, un exceso de dureza o tal vez de melosidad puede encubrir una ternura reprimida genuina. También se la puede llamar ego o neurosis.

La pregunta que surge es la siguiente: ¿En qué medida esos problemas del ego tienen realmente su origen en o están en relación con lo sistémico? Reflexionar sobre esta pregunta implica explorar cómo se forma nuestro carácter en el contexto del sistema familiar y hasta qué punto el ego de cada uno responde a las necesidades del sistema en el momento en que nacimos y comenzó nuestro desarrollo. ¿Por qué somos como somos? ¿Por qué no somos diferentes?

Hellinger decía que el 70 por ciento de los problemas de la gente son de orden sistémico. Yo creo que no es el 70, sino el 100 por cien. Esto no quiere decir que haya que trabajarlos todos de manera sistémica; se pueden trabajar desde un enfoque terapéutico centrado en la persona. Pero en todo asunto hay implícito un gran componente relacional. Nada nos sucede sin estar conectado a otro ser o a algo más. De hecho, ¿podemos afirmar que existimos si no hay otro presente para otorgarnos existencia?

Idries Shah escribió un libro titulado *El yo dominante*, donde decía que estamos poseídos no solo por ese yo dominante de nuestra personalidad, de nuestro carácter, sino por otros muchos yoes. Parte del trabajo consiste en tomar distancia del personaje y cultivar la atención, en un esfuerzo por armonizar las numerosas voces de nuestro «parlamento» interno.

El análisis del carácter, de los distintos disfraces que adoptamos y del paisaje humano que nos rodea, nos dice que vivimos, en cierto modo, confinados en nuestra neurosis, la cual nos impone una determinada mirada sobre el mundo. Para aquellos con un tipo particular de personalidad, las acciones o pensamientos de individuos con una personalidad diferente pueden parecerles incomprensibles. Un carácter visceral puede no entender completamente por qué un carácter mental se sumerge tanto en la reflexión, mientras que uno mental puede tener dificultades para comprender por qué uno emocional se desborda o se esfuerza tanto por agradar. Hay determinados tipos humanos que son más propensos a la parentalización, como los perfeccionistas, y otros a la triangulación, como en el caso de la chica que entra en una relación de seducción con su padre, pero que no es tan amiga de la madre, y a la que podríamos definir como un carácter orgulloso; o el del chico que establece una relación edípica con la madre en la que el padre aparece como un oponente, y que podría ser definido como una personalidad autoindulgente.

En el crisol familiar se tejen las tramas que eventualmente darán forma a un carácter, lo que sugiere que su desarrollo suele contar con un marcado componente sistémico, al menos según lo que he observado con el transcurso de los años. La teoría psicológica preponderante nos dice que el carácter se crea en la primera infancia, hasta los seis o siete años. En mi opinión, no es así. Prefiero pensar que el carácter se despliega o se confirma, no que se crea o construye. Aunque es innegable la importancia de las vivencias infantiles, ¿y si el carácter se cuece de una manera muy sutil en el caldero familiar, amplio y transgeneracional? Todo cuenta. No caemos a la vida como *tabula rasa*, sino como legatarios de mucho pasado.

Los trastornos del lugar

En la vida, en nuestros sistemas, familias y trabajos, todos prosperamos cuando ocupamos nuestro lugar adecuado. Lo mismo ocurre cuando los demás están también en el lugar que les corresponde. Existe el arte natural de estar en el lugar correcto, de saber estar en el lugar que nos toca en el momento adecuado. A veces nos toca hablar, a veces nos toca callar. A veces nos toca ser hijos, a veces nos toca ser padres. A veces nos toca guiar a otros, a veces ser guiados. A veces nos toca un jefe, a veces nos toca ser jefes.

Me refiero, naturalmente, a sentir un respeto pleno hacia el lugar que cada uno debe ocupar. Esta ley, como vengo diciendo, sostiene que cada persona debería estar en el lugar que le corresponde para que nadie se vea obligado a ocupar un espacio que no le pertenece. En la práctica, algo tan simple resulta dificilísimo, y esta dificultad da lugar a lo que llamo *trastornos del lugar.* Por ejemplo, cuando los padres no están claramente en su lugar de padres, o cuando los hijos se elevan por encima de los padres o desprecian la vida recibida; o cuando no somos capaces de ser igualmente adultos y compañeros en una relación de pareja.

Llamamos *parentalización* a la dinámica en la que un hijo toma un lugar parental respecto a sus padres, o a uno de ellos, subvirtiendo el orden y aparentando ser la figura dominante, ocupándose de los padres. Esta dinámica suele estar relacionada con la exclusión de algún abuelo, a quien este hijo/nieto representa, y frecuentemente se vincula también con la ya descrita triangulación. En resumen, estos lugares trastornados o no asumidos son también fuente de mucho sufrimiento no solo en las familias, sino también en agrupaciones y entornos laborales, empresariales e institucionales. En el ámbito empresarial, resulta fatal cuando un líder no ejerce como tal, lo que genera caos, formación de camarillas, intrigas o intentos de suplantación más o menos encubiertos. Además, es importante recordar que llevamos al ámbito laboral el mapa de los trastornos del lugar aprendidos en la familia, reproduciéndolos con frecuencia.

Los trastornos del lugar proceden invariablemente de los trastornos del asentimiento. Perdemos la capacidad natural de ocupar el lugar que nos corresponde porque en algún momento del pasado no logramos procesar eventos difíciles que experimentamos, ya sea durante la infancia o en la vida adulta. Tomemos el ejemplo del hombre que fue abandonado por su novia; posteriormente, él no asume claramente su rol de padre y, obviamente, tampoco establece un papel definido en la pareja. No es que él no quiera ocupar esos lugares, sino que no ha podido aceptar internamente el hecho de que su pareja lo dejara, quedando atado al pasado y a un asunto pendiente.

Los sentimientos tienen movimiento

En el fondo, lo que estoy describiendo es una gama de soluciones fallidas contra el dolor. Se podría decir que todos los problemas hunden sus raíces en una solución fallida contra el dolor, o contra otras emociones y vivencias difíciles de transitar. En el primer capítulo cité al filósofo Emil Cioran, quien con agudeza expresó la idea de que evitar el sufrimiento cuando es necesario conlleva sufrimiento cuando no lo es. Sufrimos porque no nos animamos a sufrir cuando corresponde. Y vivir constituye tanto una bendición infinita como una herida inmensa, ya que el contacto y el roce de la muerte está siempre ahí.

Si supiéramos vivir los sentimientos cuando nos vienen, sin quedarnos en una posición defensiva y congelada que los encubre, otro gallo cantaría. Porque los sentimientos tienen movimiento. Van y vienen, son como aromas. Esta es su naturaleza. Son funcionales si son genuinos. El problema es que nos quedamos anclados en lugares emocionales que se convierten en posiciones casi existenciales: irritación, amargura, enojo, queja, perfeccionismo, exigencia y autoexigencia, añoranza, rigidez o histrionismo. Y con esta parálisis perdemos fluidez y contacto con el momento.

Todos estos lugares emocionales se utilizan como estrategias para eludir el dolor, el cual tiene el poder, si lo enfrentamos, de guiarnos de nuevo por el camino de la vida. En este sentido, las constelaciones son una forma de mirar de frente al dolor y, desde esa mirada, transitarlo, abandonar nuestros atascos emocionales y así poder ocupar, interna y externamente, el lugar que nos corresponde.

Pongamos de nuevo el ejemplo del hombre que fue abandonado por su gran amor de juventud. Atrapado en la añoranza, no logró ocupar su lugar como marido y padre, triangulándose con su hija y generándole futuros problemas afectivos en sus relaciones. Si hiciéramos una constelación sobre este asunto, pondríamos en escena a la madre, a la hija y a él, ¿qué ocurriría? Probablemente la hija se situaría al lado del padre y la madre estaría enojada o se mostraría sumisa, preguntándose de qué va la escena. Lo más complejo de estas situaciones es su dificultad para ser reconocidas y explicitadas. Es precisamente aquí donde la constelación ofrece su mayor ayuda. Sin embargo, revelar no es suficiente; lo crucial es la reparación de las posiciones emocionales que quedaron congeladas en la familia. Esto implica que la hija tome conciencia de cómo su «lugar especial» la aleja de su madre y cuestione su falso privilegio; también que se dé cuenta de cómo se involucró en exceso con su padre, al representar a su antigua novia. Esto nos lleva de nuevo a la primera pregunta: ¿quién o qué debe ser reintegrado para que nadie tenga que representarlo o quedar atrapado en ello?

Secretos que no lo son

Lo que comparto guarda una gran relación con el papel que juega el secreto familiar en nuestros sistemas. El secreto significa exclusión: fragmentos de realidad que evitamos al cerrar los ojos, volviéndonos ciegos, sordos o mudos. Es importante mantener las antenas del sistema familiar abiertas a la realidad; si tuve una pareja anterior significativa, es mejor que se sepa, que no sea un secreto. Mucho más en situaciones delicadas que rozan los límites de la vida, como las implicaciones de la sexualidad o la muerte.

En ocasiones, existen secretos que buscan fines compasivos: el abuelo tuvo un hijo con otra mujer y decide callar para mantener el equilibro de la familia; la abuela abortó sus primeros hijos o cedió a uno de ellos a otra familia, y prefiere no tener que enfrentar esta realidad ante los otros hijos ya adultos. Sin embargo, esos silencios y secretos no logran lo que pretenden: son paradójica y extrañamente sonoros. No existen como tales. A lo sumo, viven en el ámbito narrativo y racional de las personas y las familias, pero no los hallaremos en el ámbito somático y energético, pues el cuerpo lo sabe y lo cuenta todo, ya que vive indefectiblemente sumergido en la realidad, por mucho que la mente no sea capaz de interpretar o concientizar con claridad sus señales.

Imaginemos a los supervivientes de los campos de exterminio o a los descendientes de quienes sobrevivieron al

Holocausto. Después de hechos tan traumáticos, la vida sigue, lo cual es grandioso y determinante. Estas personas se casan y tienen hijos. Sin embargo, quienes vivieron semejante trauma colectivo permanecen brutalmente heridos, y ese trauma deja una huella de horror en sus corazones y luego en la memoria familiar. Cuando una persona está traumatizada, puede que no logre articular en palabras aquello que le sucedió. No obstante, la herida se aloja en su cuerpo en forma de contracción, congelación o escisión. Algunos supervivientes de guerras y desastres piensan: «Es mejor no contar a mis hijos lo que sucedió porque fue espantoso». O dicen: «Quiero protegerlos de lo terrible que me tocó vivir y de la imagen de la vida como algo horrendo y brutal». Es comprensible intentar proteger y transmitir el siempre sabio mensaje de que la vida viene dirigida por el futuro y no por el pasado, que debe ser respetado, aunque no olvidado. Pero esta forma de protección solo lleva a perpetuar el sufrimiento a través de compensaciones e identificaciones inconscientes.

Todo esto nos conduce a la idea de que podemos abordar de una manera más efectiva aquello que nos atrevemos a enfrentar con transparencia. Lo que no se mira no se puede integrar. Si excluimos a los perpetradores o a los abuelos que fueron asesinados, tal vez nos encontremos más tarde con que los nietos experimentan una gran violencia interior. O bien con que no desean vivir. Lo excluido acaba siendo asumido de esa forma por los descendientes, que se ven impelidos a representar lo postergado por los anteriores. Ver, reconocer, llorar, respetar, unir y reconciliar son movimientos que sacan el alma de su pozo de dolor.

En su libro *Trauma y memoria*, Peter Levine narra un experimento en el que condicionaron a ratones asociando un estímulo con una respuesta. Les hacían oler un aroma específico y luego les aplicaban una descarga eléctrica, sin posibilidad de atacar ni huir. Un trauma inmisericorde en toda regla. Los ratones quedaron condicionados a asociar ese olor con una respuesta traumática, contractiva y angustiosa: estrés en estado máximo. Lo increíble es que los descendientes de estos ratones por cinco generaciones repetían el comportamiento traumático de contracción al oler ese aroma.

Imaginemos que los ratoncitos hijos, nietos, biznietos y tataranietos fuesen conscientes de lo que los investigadores hicieron a sus antepasados, y que pudieran comprender por fin sus propias respuestas inconscientes a esa situación, sus devastadores automatismos ante ese olor específico. Imaginemos, además, que pudieran ver, reconocer, llorar, respetar lo que sucedió. De alguna manera, esto es exactamente lo que las constelaciones logran para nosotros.

El ogro y la abuela

Por tanto, no solo lo biográfico, sino también lo transbiográfico nos afecta de algún modo. Como decía, no hay nada que haya ocurrido que no esté escrito en nuestro cuerpo. Ahí está todo lo que hemos vivido y lo que vivieron nuestros padres, nuestros abuelos y otros anteriores. Somos libros escritos hace mucho tiempo que se siguen escribiendo. Nuestro cuerpo es un historial y una narración somática cuyos capítulos principales incluyen, además de los aspectos biográficos, los de las dos, tres o cuatro últimas generaciones. Por eso digo que los secretos son sonoros, porque se escuchan en la atmósfera familiar. ¿O acaso los hijos no perciben que a los padres les tocó vivir tal trauma o tragedia? Tal vez no lo sepan, pero lo notan. De nuevo, podemos inferir que hay un «saber no sabiendo» en el que el cuerpo (y el corazón) conoce, mientras que la cabeza ignora.

Últimamente, se ha vuelto común escuchar opiniones que abogan por prohibir ciertos cuentos infantiles considerados inapropiados. En los cuentos hay seres malvados, brujas terribles, ogros comedores de niños, lobos astutos, pero también hadas benéficas y magos buenos. Las abuelas leen cuentos a los niños, enriqueciendo su repertorio de figuras míticas y arquetípicas, embelleciendo sus almas con las tramas internas que las historias representan y activan. La crudeza de los cuentos es importante: actúan como brebajes cargados de metáforas y evocaciones a través de los cuales los niños pueden elaborar simbólicamente los asuntos clave del viaje.

Sin embargo, nos encontramos en una era de corrección política y de infantilismo psicológico, en la que intentamos embellecer la realidad para que luzca bien a los ojos de nuestros descendientes en lugar de permitirles que puedan mirar las cosas de frente y aceptar que la vida nos ofrece una variedad de experiencias. Así, hubo una abuelita que se sintió en la obligación de suavizar los cuentos infantiles que contaba a sus nietos para evitar que sufrieran. El ogro tenía mucha hambre, pero en la versión de la abuela, no se comía a los niños, sino que se aguantaba y se aguantaba, porque era muy respetuoso, y se reprimía y reprimía, hasta que apareció un cerdito que le sirvió de cena, en vez de comerse a los niños. Entonces, como es lógico, los niños dejaron de tener miedo del ogro... y comenzaron a tenerle miedo a la abuela.

Es preferible que todo luzca real, así nos hacemos grandes. La transmisión de la realidad sin este tipo de filtros suavizantes (con sus figuras infernales y amenazantes junto a las salvíficas que inmunizan contra el maleficio) hace que los niños (y los adultos) puedan manejar mejor la información y estructurar con más riqueza su mundo interno. Todo aquello que podemos integrar en nuestra vida se convierte en material existencial y sistémico digerido, proporcionándonos la fuerza necesaria para continuar nuestro viaje.

5

FE, ESPERANZA Y CARIDAD

Bert Hellinger y la ética de las constelaciones familiares

> Las leyes de la conciencia, que decimos que nacen de la naturaleza, nacen en realidad de la costumbre. Dado que cada cual venera en su interior las opiniones y las conductas que se aprueban y admiten a su alrededor, no puede desprenderse de ellas sin remordimiento, ni aplicarse a ellas sin aplauso.
>
> MONTAIGNE

La historia que voy a contar podría ser adaptada al cine. El protagonista nació en 1925 en Leimen, un pueblecito alemán cerca de la frontera con Francia. Durante la adolescencia, se resistió a unirse a las Juventudes Hitlerianas, lo que le valió ser clasificado como posible «enemigo del pueblo». Más tarde, durante la Segunda Guerra Mundial, fue llamado a filas y combatió en el frente occidental hasta 1945, cuando lo capturaron los aliados y lo encerraron en un campo de concentración, del que logró fugarse poco después. A su regreso a Alemania, ingresó en una orden religiosa y se convirtió en sacerdote.

El joven cura estudió teología y filosofía, fue misionero en Sudáfrica, entre los zulúes. Más tarde, abandonó el sacerdocio, se casó y se formó en psicoanálisis, y luego viajó a Estados Unidos para estudiar terapia primal con Arthur Janov. También se formó en análisis transaccional, terapia Gestalt y otros abordajes de terapia humanista y sistémica. Acabó tan cerca del destilado cultural de la filosofía de Nietzsche y del universo del poeta Rilke como lo había estado de Jesús, y por el camino desarrolló un ente peculiar denominado constelaciones familiares.

Estoy hablando de Bert Hellinger, el gran terapeuta y creador de este método, que inicialmente se embarcó en su camino existencial aferrado a las imágenes de Dios. Como sacerdote, su formación se cimentó en el paradigma dualista del enfrentamiento entre el bien y el mal. También en la idea del sacrificio, el gran mito de nuestro tiempo, representado por la figura de Jesús, según el cual es posible obtener beneficios redentores a través del sufrimiento y la expiación.

Cuando tenía cuarenta y tantos años, Hellinger dirigía un colegio en Sudáfrica. Allí, recibió la visita de unas personas que trabajaban con dinámicas de grupo y con terapia Gestalt. En una conversación, alguien lo confrontó con una pregunta muy penetrante: «¿Qué es más importante para ti, las personas o las ideas? ¿A quién sacrificarías primero?». Hellinger se sintió profundamente interpelado, pues se dio cuenta de hasta qué punto el paradigma religioso estaba imbuido de la noción de sacrificio, que tan a menudo forja caminos trágicos. En ocasiones, en defensa de ciertas ideas, para algunos se vuelve tolerable la posibilidad de sacrificar a las personas.

La pregunta también vale para nosotros: ¿qué dirige nuestras vidas, nuestras ideas o nuestros afectos? ¿La militancia ideológica o el lenguaje esencial de nuestro corazón? Nuestros corazones son órganos que nos hermanan a todos, mientras que nuestras ideas trazan fronteras y nos apartan de los demás, declarando habitualmente como enemigo al que piensa o siente distinto.

Hellinger llevó consigo a Sudáfrica un cuadro de la Crucifixión que mostraba a María Magdalena recogiendo la sangre de Cristo en una palangana. En Sudáfrica, esta escena causaba un profundo desagrado entre los zulúes. Les parecía una locura que alguien se crucificara para salvar a la humanidad e incluso consideraban indecente la figura de María Magdalena recogiendo la sangre de Jesús. A través de la mirada extrañada de los zulúes, Hellinger pudo comprender que la espiritualidad más profunda va más allá de la dicotomía del bien y del mal, y que el ser esencial de toda persona es una instancia amorosa que vive en la quietud. Así era Hellinger: alguien que experimentaba y transmitía ese aquietamiento. Una persona entregada a los fenómenos, y no a la letra que dictamina cómo deberían ser las cosas.

El apóstol de la inclusión

Siempre he pensado que Nietzsche se habría hecho buen amigo de Hellinger; el exsacerdote emprendió un viaje hacia la superación de las polaridades, el camino del autoconocimiento que une, concilia y trasciende, como corresponde a la mística y la espiritualidad. El camino que regresa a la matriz de la religión, que significa religar o volver a unir. Es un proceso que no es posible a través del universo limitado de las ideas, sino solo a través del infinito del amor espiritual.

El pensamiento de Nietzsche y el de Hellinger presentan notables paralelismos, lo cual resulta sorprendente. Nietzsche, siendo un «anticristo» confeso, denunció vehementemente al ser humano pusilánime que se refugia en imágenes de dioses y que participa de la mente del rebaño sin afirmarse a sí mismo. Culmina su biografía, *Ecce homo*, con una frase contundente: «Dionisos versus el Crucificado». Veamos qué significa esa oposición.

El cristianismo puso el acento en el Jesús redentor a través del sacrificio en la cruz. Dionisos, por el contrario, proclama la celebración de la vida. Podríamos decir que bailar con la vida y el *amor fati*, dos de las ideas de Nietzsche, representan los retos del superhombre nietzscheano. La mente sacrificial, por contra, es propia de la cobardía del hombre al que le asusta la vida.

El *amor fati* de Nietzsche, en mi opinión, encuentra un equivalente en el amor del espíritu que propone Hellinger. Ambos abogan por reconocer los hechos tal como son, aceptar que la realidad es perfecta tal y como es, sin negar la posibilidad de trabajar para cambiar ciertos aspectos. Y, por encima de todo, este tipo de amor supone una apertura empática a todos los seres.

Como Nietzsche, Hellinger entendió el poder de la grey, del grupo al cual anhelamos pertenecer y al que nos apegamos a través de una buena conciencia que no siempre prioriza nuestro propio bienestar. Nos va el rebaño, para decirlo en términos vulgares, aunque nos cueste la vida. Preferimos apego y pertenencia a autenticidad y autorrespeto. Hellinger, sin embargo, se separó del grupo, viajó de lo religioso a lo espiritual por la vía mística de la purificación, simbolizada en la travesía del desierto, y por la vía iluminativa que supone el ascenso a la montaña.

Considero a Bert más un místico que un filósofo. Por esta razón, cuando falleció en 2019, escribí una reseña a modo de homenaje en la que decía que, de la misma manera que se recuerda a Gandhi como el apóstol de la no violencia, a Osho como el apóstol de la sexualidad y a Nietzsche como el avatar de Dionisos, a Hellinger habría que recordarlo como el apóstol de la inclusión.

En esta misma reseña laudatoria, en un gesto de gratitud y reconocimiento, también reproduje unos versos de san Juan de la Cruz:

Mil gracias derramando,
pasó por estos sotos con presura,
y, yéndolos mirando,
con sola su figura
vestidos los dejó de hermosura.

Bert Hellinger derramó mil gracias entre nosotros. Al tomar lo que tenía para ofrecer, de alguna manera nos vestimos con algo que nos hace más bellos, más hermosos, más humanos y más plenos: la fe en la vida tal como es. Aquellos que desarrollan un corazón tan amplio como el suyo tienen la capacidad de abarcar todo lo que se cruza en su camino. En palabras poéticas de Pablo Neruda: «Para nacer he nacido, para encerrar el paso de cuanto se aproxima, de cuanto a mi pecho golpea como un nuevo corazón tembloroso».

Para comprender su evolución de lo religioso a lo espiritual, es necesario delimitar ambos conceptos: lo religioso se puede entender como un conjunto de reglas morales y ceremoniales, además de una sumisión a la palabra de las escrituras. Sin embargo, lo espiritual consiste, más bien, en la entrega confiada al canto del árbol de la vida. Y ese canto, que acompaña la vía mística y unitiva, no encaja con la contrita sumisión a las reglas y a las letras. «La letra mata, el espíritu vivifica», enseñaba san Pablo.

Hellinger consiguió vaciarse de sí mismo y de su arsenal moralista, y eso lo condujo al universo del espíritu y del amor prístino. Fue alguien que, en cierto modo, logró morir en vida para renacer a lo que muchos devotos espirituales anhelan: el estado que se alcanza cuando no hay un ego tiránico que dirija la existencia. Cuando esto sucede, la vida se guía por la maravilla del instante, por la contemplación del presente y del ahora. Creo que el motivo por el que las constelaciones han tenido tanto impacto no es por la técnica en sí, sino porque Bert fue capaz de transmitir una actitud espiritual que tenía la potencialidad de ayudarnos a recobrar el contacto perdido con nuestra interioridad.

Al estilo mozartiano

En el mundo de las constelaciones, circulan muchas ideas extrañas. Hay personas que recitan hipótesis deterministas de manera acrítica. Por ejemplo, afirman: «Las adopciones son un fracaso» o «los hijos pertenecen a sus padres con todas las consecuencias, así que no hay que adoptar». Otros consteladores opinan justo lo contrario: «Las adopciones son un gran servicio a la vida».

Frente a estas posturas inflexibles, destaca la actitud de Hellinger, el cual podía afirmar por la mañana a un consultante que las adopciones son un fracaso, refiriéndose a un caso específico, y luego, por la tarde, decir todo lo contrario a otra persona y con relación a un caso diferente. El único inconveniente era que, en ambos casos, lo hacía con tal contundencia que sus palabras parecían tener un carácter absoluto.

Hellinger no era un moralista, sino alguien que discurría parejo al flujo de la vida, que acompañaba a la persona, que fluía con el diálogo, con el contacto requerido y con el momento justo. En ese sentido, sus trabajos de constelaciones no eran solo pura fenomenología, sino una apertura a la descodificación profunda de nuestros sistemas vinculares, valores, afectos y acciones vitales.

Me gustaba comprobar, una y otra vez, que Bert era poco bertiano, al estilo de Karl Marx, quien, al enfrentar unas supuestas contradicciones con sus propias ideas en un congreso, respondió: «Es que yo no soy marxista». En este sentido, entiendo que para Bert (y para mí), una constelación cobra sentido cuando sirve de inicio, realce y marco para un movimiento interior que surge en el contexto de un proceso terapéutico o psicoespiritual más amplio y duradero. Como he mencionado anteriormente, la constelación no es el elemento central, sino más bien una herramienta que facilita este proceso.

Las constelaciones están de moda, y su práctica sin la debida pericia o competencia en relaciones de ayuda puede generar una falta de contención y sostén hacia los consultantes. No obstante, un grupo de trabajo terapéutico con un profesional bregado en su práctica, capaz de guiar procesos con destreza, debería ser capaz de proporcionar un entorno lo suficientemente seguro. Se podría decir que hay tantas formas y tan distintas de abordar las constelaciones como facilitadores. Hellinger, en particular al final de su vida, adoptaba una postura poco directiva. Simplemente, se sentaba frente al consultante para observar lo que surgía en la constelación, siempre desde la espontaneidad y la entrega. Y, entonces, las constelaciones sucedían sin más, tomadas por una fuerza espiritual creativa.

Me gusta que Bert no fuese bertiano ni fundamentalista de sí mismo, que se atreviera a evolucionar e innovar, en lugar de convertirse en un devoto de sus éxitos anteriores. Al final de sus días, descubrió que las constelaciones no eran suyas, sino que las movía el espíritu. Mozart también solía innovar, reinventarse a sí mismo. También descubrió que su música no era suya, sino que se la enviaba Dios. Solo que, según contaba, tenía el detalle de enviársela «al estilo mozartiano».

«Sakubona»

Siempre he admirado la manera respetuosa, aunque radicalmente independiente, en que Bert se despidió de sus años como sacerdote. Bert abandonó su orden religiosa sin acritud, sin reproches, y también sin mirar atrás (tal vez para no convertirse en estatua de sal ni sufrir el destino de Orfeo). Su aroma cristiano tomó un cariz místico y dejó atrás la palabra superflua para abrirse a ese algo más grande que tiene que ver con la Gran Alma, con los movimientos del espíritu.

Creo que uno de los grandes ingredientes de su transformación se gestó durante los dieciséis años que pasó como misionero en Sudáfrica, entre el pueblo zulú. Esta experiencia lo marcó profundamente. Ya convertido en terapeuta, algunos lo criticaron, afirmando que las constelaciones reproducían la moral cristiana. Nada más lejos de la realidad.

Si bien es cierto que en las constelaciones familiares podemos encontrar ciertos principios cristianos, también lo es que son radicalmente deudoras de un tipo de mentalidad abierta, fraterna e integradora que no es europea, sino indígena y ancestral. La tierra zulú fue para Hellinger un gran laboratorio existencial y espiritual. Bert se dio cuenta de que las costumbres y rituales indígenas fomentaban el apoyo mutuo, la solidaridad y la transición colectiva por los duelos y pérdidas. También advirtió que la estructura de los ritos de paso de los zulúes podía asimilarse a los ritos cristianos. Para Hellinger, lo sagrado estaba en todas partes y por eso integró la música zulú en la misa católica, de una manera bastante heterodoxa e indómita, pero sin caer en las prácticas de aculturación propias de los europeos.

Durante su época como director de un internado en África, aprendió algo de zulú para poder dar clases a los muchachos en su lengua. No obstante, años después, solía contar que el verdadero beneficiario de esta experiencia había sido él y no los niños. A través de la interacción con los zulúes, aprendió a relativizar sus valores culturales y a respetar a todos los seres humanos por igual. Sus alumnos le enseñaron no solo la cultura, las costumbres y los secretos espirituales del pueblo zulú, sino también el sentido profundo de los órdenes del amor. No debió de ser fácil para una personalidad como la suya, tendiente a la arrogancia y un poco iracunda, ubicarse en una situación de tanta humildad.

Hellinger destacaba también el respeto natural que los hijos mostraban hacia sus padres y cómo los padres tomaban su lugar como tales con toda naturalidad y buena autoridad. Viendo cómo interactuaban las familias zulúes, se convenció de la importancia de lo jerárquico asumido como un bien biológico necesario para el buen desarrollo de los niños. Pero, sobre todo, comprendió que el ser humano forma parte de la naturaleza y debe estar alineado con ella y con las propias leyes de lo humano, pues de lo contrario sufre. Gracias también a sus experiencias en Sudáfrica, Hellinger pudo crear, más tarde, las propias constelaciones.

En una conferencia en Dorbirn, pronunciada el 13 de marzo de 2005, Hellinger dirigió al público unas palabras muy inspiradoras: «Yo viví largo tiempo en África como misionero con los zulúes. Allí, algo me llamó la atención. Cuando un zulú se encuentra con otro, dice "*Sakubona*", que significa "Yo te veo". El otro responde de la misma manera: "*Sakubona*", "Yo también te veo". En una situación como esa, nosotros, por lo general, preguntamos "¿Cómo estás?". Pero los zulúes hacen una pregunta completamente diferente. Ellos preguntan: "*¿Usaphila?*", que significa "¿Estás todavía vivo?". Y el otro responde: "*Ngi-*

yakhona", "Todavía estoy aquí". ¡Qué respeto por la vida! ¡Qué experiencia divina cuando se tiene constantemente la vida ante los ojos como algo valioso y se vive de esa manera! A veces, los zulúes se sientan durante horas sin hacer nada, simplemente observando lo que ocurre a su alrededor. Entonces, yo le pregunto a uno: "¿No te aburres?", y me responde: "¡Todavía estoy vivo!". Por supuesto que no se aburre: está lleno de vida y, podríamos decir, lleno de Dios».

Las raíces de la vocación

Hellinger solía decir que muchos terapeutas, a través de su trabajo, buscan abordar en realidad el sufrimiento de sus padres, o que algunos psiquiatras espantan los fantasmas psicóticos de la familia gracias a su vocación. Creo que es interesante ahondar en las raíces de una profesión, entender por qué tomamos un camino en lugar de otro.

Hasta hace apenas cien años era común en nuestra cultura ofrecer un hijo a la Iglesia o al sacerdocio. Este tipo de acuerdos con Dios persisten, ya sea de manera consciente o inconsciente. En ocasiones, durante una constelación, puedo observar claramente cómo en algunos sistemas familiares se estableció un diálogo con Dios en busca de transacciones de este tipo: «Si salvas a este hijo mío, Dios, te ofrezco otro a tu servicio». ¿Podría ser entonces que algunas personas elijan convertirse en sacerdotes (o terapeutas) como una forma de sacrificio ante ese ente todopoderoso creado por nuestra mente? Digo creado por nuestra mente porque, si Dios aceptara ese tipo de negociaciones, ya no sería Dios, sino un mercader. En cualquier caso, este tipo de sacrificio compensatorio es lo que en constelaciones se conoce como dinámica de expiación. Espero que no sea mi caso.

En mi atmósfera familiar hay curas y monjas. Es obvio que a mí me faltó vocación religiosa y me sobró interés por la sexualidad y la pareja, de modo que acabé siendo psicólogo, que no deja de ser una profesión de servicio y ayuda. Tres hermanas de mi padre eran monjas (una de ellas aún vive en su comunidad en el momento de escribir estas líneas) y uno de sus hermanos era monje. Eran buena gente, y bastante alegres. Sospecho que me debieron ayudar un montón, porque rezaban mucho por mí (¡y por mis más de treinta primos!). Una de mis tías vivió en Barcelona, en el barrio del Raval, y trabajó con gente muy desgraciada, en el submundo de la degradación social, la desdicha y la autodestrucción. Tenía una gran vocación social. Cuando era niño, me regalaba plumas y estuches, y me pedía que le escribiera cartas. Así que tal vez influyó en este placer que experimento con la escritura y la música de las palabras.

¿Por qué nos hacemos psiquiatras, terapeutas, consteladores, curas, monjas? ¿Cuáles son las influencias sistémicas en las profesiones que elegimos relacionadas con la ayuda o el servicio a los demás? A veces, estas influencias son muy claras. Hay médicos que eligieron su profesión porque en la infancia vivieron un episodio donde alguien querido enfermó gravemente. El terapeuta y escritor Irvin Yalom cuenta en su biografía, *Memorias de un psiquiatra*, cómo decidió convertirse en médico después de que su padre superara una grave angina de pecho. Mientras el hombre estaba enfermo, la madre de Irvin culpaba al pobre muchacho de haber causado la enfermedad del padre debido a todos los disgustos que le daba. No es de extrañar, por lo tanto, que cuando el médico consiguió curar al enfermo, Irvin decidiera dedicar su vida a ofrecer a los demás el alivio que él mismo había experimentado al ver a su padre recuperar la salud.

Años después de su paso por Sudáfrica, y con ese bagaje de vida tan especial, Hellinger vivió una anécdota especialmente significativa que entiendo como un colofón a su historia con la religión cristiana. Él mismo contaba que, siendo ya terapeuta y constelador, fue invitado a participar en una reunión de sacerdotes de las diversas iglesias protestantes de Alemania. Una vez allí, notó que los párrocos lo miraban mal, con censura, seguramente debido a que por aquel entonces él ya no era considerado un padre de la Iglesia. Bert decidió entonces vengarse proponiendo una dinámica de grupo.

Cuando le tocó el turno de hablar, puso una silla en el centro de la sala. «Esta silla representa a Jesucristo», dijo. Entonces, pidió a cada uno de los asistentes que saliera y le dijera a la silla cómo se sentía frente a ella. La dinámica se intensificó cuando algunos empezaron a empujar la silla. Después llegaron los insultos, los golpes, hasta hubo uno que salió con un palo o un hacha y empezó a destrozarla. El último en salir fue el propio Hellinger, y su venganza, delante de todos, consistió en decirle a lo que quedaba de la silla: «Yo, contigo, no tengo ningún problema, estoy bien».

Un espíritu libre

Bert fue un visionario. Inventó un tipo de terapia muy avanzada, que exploraba territorios psicológicos, sistémicos y espirituales que, en ese momento, no estaban descritos en los mapas de la psicología. Nadie había previsto que un representante de otra persona, en el transcurso de una constelación, llegara a sentir los sentimientos del representado. A menudo, tendemos a pensar que una realidad no existe si no está previamente descrita por una teoría, pero este es un error de percepción, una falacia.

De todos modos, participar por primera vez en una constelación puede ser impactante y difícil de encajar en los mapas mentales o sociales convencionales. Algunas personas sienten una suerte de respeto sagrado ante los acontecimientos sorprendentes que se desarrollan en el escenario, especialmente cuando se dan cuenta de que un movimiento involuntario o una emoción, que no se identifica como propia, las conecta con el representado.

Para elaborar una propuesta tan osada como la de las constelaciones se necesita tener un espíritu libre, y Hellinger siempre fue un discípulo radical de la realidad. Sus afirmaciones eran muy atrevidas, y muchas personas se asombraban y hasta escandalizaban al escucharle. Lo expresa con mucho acierto Gabriele ten Hövel en el libro *Reconocer lo que es*, durante una profunda entrevista con Bert. Al reproducir algunas de sus frases más emblemáticas, las acompaña también de la respuesta neurótica y automática que ella misma generaba en su mente al escucharlas por primera vez:

> «¡La maternidad es algo grande!»
> —¡Por Dios!
> «Honrar al padre y a la madre.»
> —¡Qué católico!
> «No luches contra los padres, tómalos tal como son.»
> —¿Y todo lo que me hicieron?
> «La mujer tiene que seguir al hombre.»
> —¿Y a ti te parece bueno un tipo así?

Más allá de sus siempre conmovedoras sentencias, Hellinger desterró la suposición, imperante en algunos modelos terapéuticos que copian el modelo médico, de que el terapeuta está por encima del cliente o paciente, relegándolo a un rol de ignorante. El encuentro terapéutico no establece asimetrías significativas más allá de los papeles que asume cada cual; en constelaciones, además, se busca que la dinámica se establezca en un encuentro entre dos personas que son igualmente adultas. Hellinger definió esta manera de encontrarse con el consultante con un concepto al que llamó los «órdenes de la ayuda», que se podrían resumir de la siguiente manera:

1. Los dos —terapeuta y consultante— son adultos e igualmente responsables.
2. El terapeuta observa al paciente dentro del contexto más amplio de sus relaciones.
3. Es respetuoso con los hechos, la historia y el destino del consultante.
4. Entrega lo que es y lo que tiene, y lo que el otro pide, puede tomar y necesita.
5. Opera sin juicios, con plena aceptación del ser del otro.

Bert tomaba el lugar del terapeuta con una gran presencia y poder natural, prescindiendo de juegos y embrollos psicológicos. Ejercía una autoridad natural basada en su saber y experiencia. No se distanciaba de esa atmósfera de igualdad con el consultante, aunque en momentos puntuales también podía asumir el personaje de un sumo sacerdote incuestionable. Sabía evitar aquellas manipulaciones psicológicas que degradan al cliente como adulto, lo infantilizan y le impiden asumir su responsabilidad personal. Su manera de estar en el mundo era, en general, la de alguien amoroso y respetuoso con todos, sin importar su procedencia o filiación. Más de una vez lo escuché repetir estos fragmentos del Evangelio según san Mateo: «Él hace que el sol salga sobre malos y buenos, y envía la lluvia sobre justos e injustos».

También solía arremeter con fuerza contra las manipulaciones de sus consultantes, conscientes o inconscientes, tal como hacía Fritz Perls en terapia Gestalt. Esta actitud combativa a menudo generaba cierta confusión en los terapeutas más compasivos, aquellos llenos de buenas intenciones, pero con poca conciencia relacional, un grupo al que Hellinger también criticaba. Sin embargo, reservaba sus embestidas para aquellos terapeutas que fomentaban juegos de *implicación* con sus pacientes, que asumían el papel de salvadores, que intentaban dirigir las vidas de los demás, que se presentaban como policías con la autoridad de perfeccionar al otro, que trabajaban desde la lástima y empequeñecían al consultante o que jugaban a ser magos, u omnipotentes, o aprendices de brujo. Desde luego, esta actitud estaba imbuida de un fuerte componente caracterial, de una cualidad que era al mismo tiempo defecto y virtud. Como he dicho, Bert era un espíritu libre y no le importaba lo que dijeran de él. Puede que a veces perdiera la oportunidad de verse a través de los ojos de los demás, pero, al mismo tiempo, eso le permitía actuar con total independencia.

También era contundente al decir que el trabajo de constelaciones no admite una relación terapéutica. Esta es una afirmación totalmente imposible, porque todo es relación, incluso cuando guardamos silencio y aparentemente no nos comunicamos. La relación ocurre, lo queramos o no. Lo que quería decir con esto es que no admitía ningún tipo de relación transferencial, en el sentido psicoanalítico, lo cual implicaba evitar que el consultante proyectara en él a sus padres. Se necesita ser un gran artesano de las relaciones humanas para convertir el encuentro terapéutico en un espacio de nutrición, en el que uno más uno sume un poquito más que dos, en lugar de un espacio de juegos psicológicos, por muy revestidos que vengan de buenas razones o intenciones.

Bert era un experto en frustrar las expectativas de aquellos que se acercaban a él con ciertas demandas y necesidades. Aquellos que esperaban que asumiera el control de sus vidas se encontraban con una negativa. Los que anhelaban ser salvados se veían frustrados. Los que buscaban una compasión excesivamente empática no la encontraban. Los que buscaban alianzas y querían complicidad no la hallaban. Su poderosa voz comunicaba alto y claro que solo trabajaba con adultos dispuestos a estar en su lugar y con honestidad. Se puede expresar con palabras de este tipo: «Estoy ante ti como adulto y podemos danzar una danza desde la propia responsabilidad, en la que te puedo acompañar para que explores aquello que necesitas en tu camino, en tu vida, en tus sensaciones físicas, en tus vínculos, en tus dinámicas inconscientes o en tu familia, por muy terrible o traumático que haya sido».

Igualdad de rango y trabajo terapéutico

La idea central de Hellinger de trabajar sin una relación terapéutica convencional no era más que una estrategia para no ser colocado en un pedestal, evitando así que la dinámica terapéutica se viera dominada por roles parentales o, peor aún, por una dinámica maestro-discípulo. Este enfoque le permitía explorar directamente aquello que la persona necesitaba en el momento y bloquear los juegos psicológicos relacionales. Al mismo tiempo, facilitaba que la persona asumiera su propia responsabilidad, reconociendo tanto su luz como su sombra. Hellinger abogaba por que las personas tomaran las riendas de sus vidas como adultos sin depender de mentores o guías externos.

Cuando trabajo, yo también intento gestionar los mecanismos de manipulación para minimizar que los consultantes proyecten en mí a sus padres, maestros o parejas. En abordajes como la Gestalt, la dinámica terapéutica se concibe como la de un encuentro dialógico verdadero entre adultos, no como una evocación del padre o la madre, como ocurre en algunos enfoques psicoanalíticos. En constelaciones, también se procura esa relación entre adultos, el encuentro real entre un verdadero yo y un verdadero tú, en el sentido buberiano. Por cierto, el filósofo Martin Buber, en un coloquio con Carl Rogers, defendió que toda relación, incluida la terapéutica, que no se basara en la igualdad, la verdad y la transparencia comportaba violencia relacional.

El terapeuta de constelaciones ni promueve ni considera necesaria la transferencia. La relación terapéutica en sí misma es un campo dentro de un contexto donde el terapeuta debe manejarse con humildad y sabiduría. Durante la representación escénica de la constelación, para clarificar las dinámicas con los padres o con otros miembros de nuestro universo vincular, el terapeuta se mantiene en un lugar tangencial, periférico, en absoluto importante, como alguien que está de paso y que, desde su experiencia, aprovecha la oportunidad para acompañar al cliente.

La palabra *constelar* puede sonar demasiado grande, especialmente para aquellos consteladores que están dando sus primeros pasos y que necesitan cultivar una humildad de base. El nombre no favorece esta actitud, pues «constelar» parece una invitación a inventar explicaciones cósmicas y estelares de los fenómenos que se observan. Por cierto, es importante destacar que el nombre proviene de una traducción no del todo exacta de la palabra alemana *Familienaufstellung*, que podría traducirse de manera más directa como «alineamiento familiar». Quizá habría sido más apropiado llamar a las constelaciones «configuraciones» o «Gestalts familiares».

Hablando de malas traducciones, me viene a la cabeza otra gran confusión. Durante un tiempo, los terapeutas solíamos escuchar que Hellinger aconsejaba que el terapeuta debía trabajar «sin compasión». Con el tiempo, descubrimos que este concepto era el resultado de una mala traducción del alemán; Hellinger, en realidad, quería decir «sin lástima». No es lo mismo «sin compasión» que «sin lástima». Yo creo que no es posible trabajar en constelaciones, ni en ningún otro tipo de terapia o ayuda, sin benevolencia y compasión, en el sentido de experimentar un respeto genuino hacia la vida del otro, así como hacia la propia, y un genuino desear que el otro esté bien. La lástima, por el contrario, implica una distorsión de la igualdad de rango entre las personas. En constelaciones, así como en terapia Gestalt y otros abordajes humanistas, la igualdad de rango se expresa como una relación entre un cliente que, por muy perdido que se halle, no deja de ser experto en su vida, y un terapeuta que es diestro en acompañar a las personas a explorar sus asuntos y sus vidas.

No tuve la suerte de conocer a Fritz Perls, creador de la Gestalt, pero no dejo de pensar en la actitud zen que infundió en su enfoque durante los últimos años de su vida. Perls se presentaba como alguien muy poco dispuesto a participar en los juegos infantiles y heterodependientes del otro. En cambio, instaba a sus pacientes a hacerse presentes como adultos y tomar el espacio terapéutico como una oportunidad para ir más allá de los juegos tiránicos del yo infantil.

En este sentido, tanto Perls como Hellinger se destacaron por ser observadores perspicaces de los juegos a los que, según la terminología de Eric Berne, creador del análisis transaccional y autor del libro *Los juegos en que participamos*, todos jugamos. Cada uno a su manera, estos tres pensadores y terapeutas alentaban a sus consultantes a tomar conciencia de esos juegos, proporcionándoles así la oportunidad de elegir y alcanzar una mayor libertad. Su enfoque implicaba conducir a las personas hacia una mayor consciencia de sus personajes internos y de las manipulaciones que surgían desde esos roles. Hellinger trabajó muchos años analizando los guiones de vida, teorizados por Berne, y señaló que tales guiones, núcleo de nuestros juegos psicológicos, tienen también claras raíces transgeneracionales, no únicamente biográficas.

Amor, atención y presencia

Hellinger sumó a su particular abordaje de las constelaciones una enorme capacidad para la atención y la presencia. Estas dos cualidades son esenciales para cualquier constelador. El cultivo de la atención plena es uno de los puntos centrales de muchos abordajes terapéuticos. Sufrimos porque padecemos de falta de presencia, y porque hay espacios vivenciales en nosotros mismos que están excluidos o escindidos de nuestra atención. Excluimos la tristeza o la rabia; excluimos el dolor cruento que experimentamos ante un abuso; excluimos muchas cosas que percibimos como difíciles, dolorosas o desagradables, o que no encajan con lo que se espera de nosotros, o con nuestra autoimagen idealizada. Excluimos también, apartándolas de nuestra conciencia, una porción de nuestras sensaciones corporales.

Así, un proceso terapéutico no deja de ser un proceso de inclusión, de presenciar, de abrazar, de aflojar, de reconocer, de habitar también aquello que fue difícil y quedó en la sombra, pero que a menudo alberga potencialidades reprimidas o partes maravillosas de uno mismo. La alquimia, en el trabajo de constelaciones, surge desde la inclusión, la presencia y el reconocimiento, y no desde la exigencia de que el «tratamiento» tenga un efecto concreto, aunque lo acabe teniendo. Se trata más bien de pensar en términos de integración, y no de solución o curación. A menudo, los consteladores consideran que el trabajo es la constelación en sí misma, la mera técnica, y no el cultivo de la presencia y el seguimiento fenomenológico estricto, que es el punto que hace la diferencia.

El diálogo que la constelación establece con el consultante no apela únicamente a su sistema familiar y geometría. También es importante atender al lenguaje del cuerpo, a las sensaciones, sentimientos y comprensiones o *insights*. Generalmente, después de la constelación, llegan más comprensiones que, de nuevo, requieren atención: sueños, recuerdos antiguos que emergen, síntomas físicos que se disipan o recrudecen. El valor del trabajo de la constelación es, pues, su capacidad para invitarnos a estar más presentes en los procesos que este desencadena.

La plena salud pasa por un asentimiento total a la realidad. En constelaciones, tratamos de habitar, en el sentido de reconocer y darle un lugar en el corazón, todo lo que somos y todo lo que fue, incluyendo a todos los que son y forman parte de nuestra red de vínculos. Somos dueños de un enorme palacio interior, hecho de miles y millones de sensaciones corporales y vivenciales siempre cambiantes; la atención y la presencia tienen el efecto de expandir nuestro territorio interior, sobre todo al hacerlo presente, al abrazarlo hasta que no quede ni una sola célula que no pueda considerarse parte de nuestro yo, aquí y ahora. Como puede verse, es un trabajo de vida, de integración constante.

La atención y el amor son como dos caras de la misma moneda. Existe un amor atencional, el de la conciencia, y un amor pasional, el de la emocionalidad. Para un niño que fue abandonado por su madre al nacer, el reencuentro con ella después de treinta años puede no traducirse necesariamente en una experiencia de amor apasionado y profundamente sentido. No obstante, sí es posible el amor espiritual: un amor superior a la pasión y la emoción, un amor que entra plenamente en el territorio de lo existencial. Este es el amor de la atención, de la conciencia. Un amor que nos lleva a poder decir: «Reconozco a mi madre, más allá del daño que me causó, y le doy un lugar, y también a mis vivencias internas». Y esto supondrá un movimiento expansivo del corazón. Conllevará apropiación, integración. El amor espiritual, del espíritu, tiene una naturaleza absolutamente inclusiva.

Buda, al que a veces se le llama «el médico supremo», nos habló del óctuple sendero para superar el sufrimiento. Hablaba de «la visión correcta», «el habla correcta», «el esfuerzo correcto» o «la motivación correcta», conceptos que son una guía de vida. Uno de los puntos centrales de esta guía es «la correcta atención», también conocida como la atención plena. La ayuda, la terapia, el acompañamiento psicológico o espiritual están profundamente relacionados con una actitud meditativa, atenta, presente, que es curativa en sí misma.

Hace un par de años, un hombre me contó que había entrado en crisis y se había deprimido después de que su esposa lo dejara. Visitó a varios psicólogos, pero, según sus palabras, ninguno le sirvió de ayuda. No sé si este hombre esperaba que yo entrara en litigio con él en defensa de los psicólogos, pero no solo no me di por aludido, sino que me pareció muy bella esta franqueza. A continuación, me dijo: «Entonces, empecé a meditar. Y esto sí me transformó». Me alegré por él.

¿Qué es meditación sino la capacidad de estar plenamente presente en todo lo que sucede, incluso en el autodesprecio que uno puede experimentar en determinados momentos y abrazarlo con amor? La meditación nos lleva a incorporar con amor cualquier sensación, ya sea placentera o desagradable, así como cualquier pensamiento o sentimiento. Meditar es, entre otras cosas, sostenerse a uno mismo. Meditar, en cierto modo, también es psicoterapia, ya que apunta al bienestar psicológico y existencial de las personas.

Leonard Cohen, quien pasó varios años de su vida meditando en un monasterio zen, decía que meditar consiste en pasarse horas sentado sobre el propio dolor. Es posible completar esta frase añadiendo que uno también se sienta sobre el éxtasis de atender y reconocer el ser, el cuerpo, el alma, y de estar en el presente. Es cierto que al meditar acuden los asuntos pendientes, o vienen cosas que han estado enclaustradas, encriptadas, que no han sido reconocidas, para finalmente poder ser procesadas e integradas. A veces sufrimos, otras veces nos embarga el dolor, la tensión, la desazón, la represión. Pero la naturaleza nos ofrece la cura de la atención; en especial de la atención al cuerpo, con todo lo que esconde y atesora.

¿Qué es la presencia? La capacidad de estar ahí, atento, momento a momento, aceptando todo aquello que nos visita, incluyendo todo aquello que no nos gustaría que nos visitara. Y esto siempre es lo más intrigante. No nos gusta que nos visite el enojo, la envidia o los celos, pero al incluirlos empieza lo verdaderamente interesante. Nos embarcamos en un viaje hacia aquellos yoes que necesitan ser revisitados y clarificados. Esta experiencia es similar a lo que sucede en una constelación cuando incorporamos a ese niño que fue rechazado, o integramos los sentimientos negativos relacionados con un abuso que, con toda legitimidad, hemos tratado de borrar de nuestra vida. No se puede negar la legitimidad del olvido, de la ceguera, de la negación. Se trata de estrategias que nos defienden del dolor. Pero nos hacemos más conscientes e íntegros en la medida en que podemos aceptar los contenidos no atendidos de nuestra psique.

La plenitud del bienestar se manifiesta cuando no hay ninguna parte de nuestro interior que permanezca cerrada. Todos albergamos compartimentos secretos que parecen llevar el letrero «Aquí no te metas». Y lo mismo ocurre en el sistema familiar. Sin embargo, al abrir esas puertas cerradas, nos enfrentamos con la habitación del suicidio del tío, sellada en silencio, o el aborto no asumido, o el pariente que lucha con problemas mentales, o el abuelo muerto en la guerra. No son temas fáciles de abordar, pero a la vez nos brindan la oportunidad de entregar nuestro amor atencional al abuelo fusilado, al niño abortado, al familiar excluido. Con gratitud y un sentimiento de honra hacia ellos, podemos decirles: «Tú también eres bienvenido aquí, a la fiesta de mi vida».

Existe una cita célebre de Marco Aurelio que encapsula de manera elocuente toda esta propuesta: «Recorre este pequeñísimo lapso de tiempo obediente a la naturaleza y acaba tu vida alegremente, como la aceituna que, llegada a la sazón, cae elogiando a la tierra que la llevó a la vida y dando gracias al árbol que la produjo». ¿No es esta frase una obra maestra del asentimiento, un resumen perfecto de una ética para la vida? Tal vez, las constelaciones sean también una filosofía o ética para la vida, y no solamente una terapia. Entendidas así, podemos leerlas como una «ética de la inclusión».

Las constelaciones del espíritu

Hellinger era la viva encarnación de la actitud que describen los órdenes de la ayuda. Era honesto, responsable y siempre estaba totalmente presente. Era respetuoso con la historia y los hechos de los consultantes, y se entregaba con audacia y fuerza al momento presente, a lo fenomenológico y a las honduras del alma. Por último, se mostraba absoluta y radicalmente imparcial, sin juzgar a nadie y, por supuesto, aceptando a todos tal y como eran.

Cerca de cumplir los ochenta años, Bert comenzó a distinguir entre los movimientos del alma y los movimientos del espíritu. Los primeros están en relación con las implicaciones y las compensaciones arcaicas del sistema familiar. En cambio, los movimientos del espíritu proceden de un amor espiritual que lo piensa todo tal como es, emanan de más allá de lo sistémico y se constituyen en una fuerza sanadora de las familias y los sistemas. Así nacieron las constelaciones del espíritu, en las que el constelador se sumerge en algo más grande que él mismo. Con humildad, inclina la cabeza y se entrega por completo.

Tras este «descubrimiento», sus sesiones se tornaron tan transparentes que poco a poco se dio cuenta de que todo se hacía solo y que apenas necesitaba intervenir. En vez de constelar a una familia, colocaba solo a una o dos personas, luego añadía a otras y, de repente, sucedía un movimiento, una conmoción, que siempre se dirigía hacia un mismo punto: la reconciliación de un conflicto, un movimiento de integración entre polaridades, una unidad de lo que antes estaba separado. Los representantes no podían resistirse a semejante movimiento de amor: eran tomados por él.

Sus intervenciones se hicieron cada vez más humildes, sencillas y abiertas: ya no necesitaban apenas de conducción, ya no seguían las instrucciones de un director de escena, sino los movimientos de un algo mayor, de la Gran Alma que se hacía presente en las constelaciones más depuradas, en los escenarios más libres de manipulaciones o de interferencias neuróticas. Este resultado no es gratuito, sino que requiere del más profundo silencio del yo, capaz de inclinarse ante la grandeza de una sabiduría inefable.

Entonces, «el alma busca y encuentra la solución por sí misma, a menudo incluso más allá de los órdenes del amor acostumbrados», escribió el propio Hellinger en su libro *Felicidad que permanece*.

El movimiento del espíritu está detrás de todo tal como es, y está abierto a todo tal como es, nos dice Hellinger. Por eso es tan importante que el terapeuta de constelaciones, así como cualquier otro, consiga abrirse a este todo tal como es, actitud que constituye el único camino viable para mantenernos en armonía y conexión con los movimientos del espíritu. Esto significa que las constelaciones del espíritu no pueden ser una mera técnica, sino un desarrollo que solo es posible si el facilitador se vuelve libre de toda intención, temor y propósito. Desde ahí, ya no hay vuelta atrás: «Solo el que lo prueba lo sabe», dicen los sabios sufís. En estas palabras está contenida la idea de que la fuerza del espíritu, la armonía total, el punto cero que alumbra el Campo, la indiferencia creativa, el Tao y, en fin, el amor espiritual permanecen desconocidos mientras los buscamos fervientemente, como peregrinos extraviados en el desierto. Morimos de sed sin comprender qué es el agua. Ahora bien, si nos dejamos guiar por nuestra intuición de buscadores, llegaremos a la fuente; y, una vez que bebamos de ella, ya nunca olvidaremos su sabor.

Las virtudes teologales

Cuando descubrimos el amor espiritual, nada vuelve a ser como antes. Pero ¿qué nos acerca o nos sintoniza con los movimientos del espíritu? Como he mencionado previamente, cuando se trata de acompañar a personas en los grandes traumas, terremotos, violencias y tempestades de la vida, se hace necesario un abordaje psicoespiritual. No basta con acompañar tales sucesos con estratagemas psicológicas, sino que es necesario contar con un significado existencial o espiritual labrado a través de la fe en que la vida es buena a pesar de los pesares, mediante la esperanza que nos lleva a abrazar el futuro que se acerca, y a través del músculo de *cáritas*, la compasión natural de sabernos profundamente humanos, vulnerables y dignos de ser amados.

Fe, esperanza y caridad son, precisamente, las famosas tres virtudes teologales del cristianismo, aunque me parecen totalmente válidas para la vida más allá de la religión. Por esta razón, considero que también son los tres ingredientes fundamentales de la ética y filosofía de las constelaciones familiares, herramientas que nos ayudan a obrar bien y a producir determinados efectos positivos en las personas y en el mundo, a crecer y madurar en nuestro camino hacia la conciencia y la optimización de nuestro potencial humano.

Fe no significa creer en algo sobrehumano, sino sentir que la vida es buena: confiar en ella. Para mí, como gestaltista, se trata de la fe organísmica en la autorregulación de la vida que mencionaba al final del segundo capítulo. Es un sentimiento arraigado y profundo que nos indica que vale la pena vivir. Más que una creencia en un ser divino, y más allá de albergar ideas y dogmas que llenan nuestra mente, esta fe radica en saber que somos dioses y estamos inmersos en lo divino. Se trata de reconocer que el aparente caos en nuestras vidas es, en realidad, una armonía oculta. Decía Heráclito que la armonía invisible es mayor que el caos visible.

¿Qué favorece el sentimiento de que la vida es buena? ¿Qué actúa como vitamínico para que crezca en nosotros esta fe espontánea, no prefabricada, no decidida racionalmente, sino vivenciada en el cuerpo? Desde mi perspectiva, sintonizarnos con nuestras raíces resulta fundamental. Siguiendo la sabiduría de Marco Aurelio, podemos decir que la aceituna tiene fe porque está sintonizada con el olivo y con sus raíces, con los ciclos de la naturaleza y con un bagaje milenario. Tiene fe porque en las raíces del olivo se hace presente un principio creativo de vida. De manera análoga, nuestros padres, como nuestras principales raíces, encarnan ese mismo principio creativo de la vida. Al mantenernos conectados con estas raíces, con el principio vital presente en nuestro cuerpo, experimentamos una fe espontánea en que la vida vale la pena, desarrollando así el músculo de la fe. Y este músculo es el «sí a la vida» de Nietzsche: un asentimiento total a los hechos tal como son, tal como fueron. Algo así como una fe espontánea en que el viaje de la vida tiene valor, en que algo más grande nos cuida a su manera, albergando una suerte de esperanza que no espera nada. Como dice el epitafio de la tumba de Nikos Kazantzakis, el autor de *Zorba, el griego*: «No espero nada, no temo nada. Soy libre». ¡Esta es una postura muy espiritual! En un estricto sentido, la buenaventura de vivir solo se halla en el eterno presente. Ahora. Aquí. Abiertos a la realidad.

Parte de la filosofía implícita de las constelaciones tiene que ver con que, en el fondo, y al contrario de lo que suele decirse, no se dirigen hacia el pasado, sino hacia el futuro. Cuando el consultante se sienta a trabajar junto al constelador, este debería pensar «¡qué bonita vida tiene por delante esta persona!», en lugar de «¡cuántos traumas arrastra!». Esta actitud lleva consigo un ideal de esperanza: la espera de que haya un futuro bueno para las personas, sea el que sea. De este modo, prevalece la orientación al futuro frente a la adicción al pasado. Ese pasado que necesitamos mirar, entender, clarificar y resolver debe servirnos para sembrar futuro, no para convertirnos en estatuas de sal. Así, el terapeuta no solo experimenta fe, sino también esperanza, pues es capaz de intuir el potencial de realización de sus consultantes.

Esperanza significa seguir remando a pesar de la permanente impermanencia de las cosas y de los fenómenos. Los entendidos no dejan de alertarnos de todas las amenazas que se ciernen sobre la vida en el planeta, predicciones que, aunque certeras, colocan a los jóvenes ante un abismo interior de proporciones desconocidas. Su seguridad se agrieta ante el torrente de informaciones catastróficas y apocalípticas, y la salud mental se resquebraja porque falta justamente esperanza. Mi propuesta consiste en sentir esperanza a pesar de los pesares. De hecho, la plena esperanza no se sustenta en nada, sino en sí misma.

El tercer ingrediente de la ética de las constelaciones es *cáritas*, que se traduce como caridad, empatía y compasión en el sentido cristiano. *Cáritas* significa, entre otras cosas, que vivir es servir. Los griegos lo llamaron ágape, y Sócrates afirmaba que una vida vivida solo para uno mismo es una vida sin provecho. Se dice que *Deus caritas est*: 'Dios es caridad', lo que se puede entender como que la auténtica espiritualidad radica en dedicarse al servicio del espíritu, del prójimo y de la vida.

Muchas tradiciones señalan los males del excesivo egoísmo. Frente a estos, *cáritas* emerge como un antídoto fenomenal. En la antigua Grecia, se llamaba *idiota* al que no participaba en la vida pública y solo miraba por sí mismo. Podríamos sostener que alcanzar la plena realización es imposible si se convierte en un asunto de ego. La plena realización tiene que ver con expresar y encarnar los propios dones y potencialidades en un movimiento que entrega algo al mundo, que pone un bien en circulación. Esto implica una idea filosófica de servicio, de intercambio, de nutrición, de regalo, de propiedad transitiva: uno ofrece aquello que recibió y lo multiplica, cumpliendo así con su misión en la vida. Cuando uno sale de sí mismo para encontrar al otro, regala salud y alegría.

La fraternidad

La vocación de servicio se asienta en uno de los más olvidados ideales de nuestra cultura: la fraternidad. En mi percepción, el trabajo de constelaciones se ve impregnado por una filosofía de fraternidad natural que reside en el corazón de los seres humanos. Sin embargo, estamos tan maleados por el virus del sistema y de la cultura que, desde nuestra infancia, solemos desarrollar la idea de la lucha y la competencia insana, que se basa en percibir al otro como un enemigo.

Hay tan poco cuidado y desarrollo de lo fraterno, del reconocimiento del otro como un legítimo ser que es igual a uno mismo, que entramos con suma facilidad en el paisaje de la guerra. La guerra significa «yo soy mejor que tú». O también «tú eres peor que yo». O, a veces, paradójicamente, «yo soy peor que tú». Y la guerra más grande que existe en este momento en el mundo no se libra en los campos de batalla, sino dentro de las familias, especialmente entre hombres y mujeres.

Como escribí en *El buen amor en la pareja*, en el encuentro del amor «asciende una savia inmemorial», en palabras de Rilke. Esto implica que en la pareja convergen muchas vidas: en cada hombre residen cientos de hombres anteriores, y en cada mujer, cientos de mujeres anteriores. Muchas de estas mujeres anteriores sufrieron brutalmente bajo el yugo del patriarcado y fueron explotadas por hombres dominantes. Por lo tanto, hoy en día, encontramos a muchas mujeres indignadas en nombre de sus antecesoras, y a muchos hombres que se sienten culpables y temerosos, también en nombre de los suyos. Algunas mujeres vengan a sus abuelas enfadándose con sus parejas actuales, y algunos hombres expían las culpas de sus anteriores debilitándose y empequeñeciéndose. El resultado es la perpetuación de la guerra de sexos, que a veces toma formas violentas y de una inagotable sordidez.

Para llegar a la reconciliación, a lo fraternal, necesitamos de un nuevo acto de fe: reconocernos como iguales ante la Gran Alma colectiva. No olvidemos que la idea de una libertad individual, incluso la idea de un yo o individuo, es relativamente reciente. Si le pregunto a alguien quién es, afirmará sin dudar su nombre y otros datos personales, dirá «soy yo». En cambio, si le pudiera preguntar a alguien que vivió hace quince mil años, seguramente no entendería la pregunta. Probablemente diría «soy nosotros». En este no tan lejano pasado, no existía una emergencia de la idea del yo individual como la entendemos hoy en día.

Un agradecimiento a Bert

Bert Hellinger, tan arquetípicamente amante como guerrero, tan humilde como rey, tan mago como monje, fue, ante todo, un ser humano fiel a su naturaleza intrépida y buscadora. Siempre orientado hacia lo nuevo que el futuro depara y hacia lo sorprendente que la observación de los fenómenos nos regala si los contemplamos sin juicios. Cuando me enteré de su muerte en 2019, veinte años después de su primer taller en Barcelona, escribí unas palabras que quiero reproducir para finalizar este pequeño homenaje a su figura y a sus aportaciones, a los infinitos bienes que nos ha legado:

No es decible en palabras la inmensa fortuna de haber tenido a Bert Hellinger como maestro. El Alma podría expresarlo, solo que su esencia es silencio que abraza todas las melodías y luz natural que alumbra todas las formas y colores. Este silencio y esta luz vivían en el centro de tu pecho, querido Bert, y eso transmitías tocando el corazón de tantos. Ojalá hayamos sabido transmutar en sustancia viva y creativa lo que nos legaste, y ojalá tu inspiración en nosotros siga tocando corazones, trayendo paz, amor y reconciliación, e integrando y uniendo lo que es guerra y separación en las personas, en las familias y en el mundo. Este sería el más bonito homenaje a tu ser y a la vida cumplida, que acabas de dejar.

Para mí, quedas en forma de presencia, de asentimiento y de amor expansivo. Gracias para siempre, por tanto. Nos encontraremos, pues ¿no será tu muerte tu último y definitivo nacimiento?

6

LA MUERTE Y EL ESPÍRITU

Morir antes de morir y darse a luz a uno mismo

> Ningún hombre es una isla, ni se basta a sí mismo; todo hombre es una parte del continente, una parte del océano...
>
> La muerte de cualquier hombre me disminuye, porque soy parte de la humanidad; así, nunca preguntes a alguien por quién doblan las campanas: están doblando por ti.
>
> JOHN DONNE

> Necesitamos la vida entera para aprender a vivir, y también, cosa sorprendente, para aprender a morir.
>
> SÉNECA

«Oh, muerte, viejo capitán, ya es tiempo, ¡levemos el ancla!», escribe Baudelaire en *Las flores del mal*. «¡Hacia el fondo de lo Desconocido para encontrar algo nuevo!», continúa, indicándonos que el último viaje sea, tal vez, un nacimiento a algo más grande que la vida. En los versos del poeta, la muerte nos lleva de viaje más allá de nosotros mismos. Además, no hace distinciones; actúa como una gran madre que acoge a todos por igual, sin rechazar a nadie ni olvidar a ninguno. Es inexorable. Trabaja incansablemente como buena segadora, más allá de la edad, la casta, el dinero, los méritos, y cumple fielmente su labor.

La idea de que, quizá en algún momento no muy lejano, todos nos enfrentaremos a la muerte nos resulta desconcertante. «Nuestras vidas son los ríos que van a dar en la mar, que es el morir», dice Jorge Manrique. También la muerte de un ser querido supone, a menudo, un despertar brusco a la realidad, a la fragilidad de los apegos, a lo impermanente y transitorio de todo lo existente, a nuestras carencias psicológicas, a la falta de hondura existencial, al pavor de nuestro propio final.

A lo largo de la historia, la conciencia de las pérdidas y de la finitud ha actuado como un estímulo para desafiarnos a vivir de manera más plena en el presente, incitándonos a cuestionar nuestra identidad y a desidentificarnos de lo superfluo en ella para concentrarnos en lo esencial. En las diversas tradiciones espirituales y de desarrollo, se recuerda una y otra vez la importancia del morir para renacer, de transitar el invierno de las cosas para dar paso a un florecimiento en una nueva primavera, y de atravesar la noche oscura que precede al amanecer. Morir constantemente a lo viejo para resurgir a lo nuevo parece ser una de las lecciones más importantes del camino. Y en la senda espiritual, la conciencia ocupa el lugar de testigo de todas las transformaciones.

Morir antes de morir

Hace un tiempo, en Buenos Aires, ofrecí unas jornadas didácticas sobre el arte de acompañar a las personas. Durante estas sesiones, trabajamos la actitud del ayudador, que consiste en tratar de vaciarse de uno mismo para no interferir durante el proceso de ayuda. En otras palabras, se trata de «hacerse nadie», que equivale a experimentar una pequeña muerte interna; lo cual, de manera paradójica, se revela como una forma de alcanzar una viveza más auténtica y profunda.

En los talleres suelo recitarme internamente una especie de mantra o plegaria: «Vacíame de mí y lléname de ti». Aspiro a que no sean mis propias ideas, mapas mentales, expectativas o miedos los que guíen el encuentro terapéutico, sino mi presencia plena y el contacto genuino con la persona que busca ayuda. Al decir «lléname de ti», me refiero a algo más grande (verdad, amor, misterio) que pueda guiarme al servicio de la verdad y la autenticidad en ese momento.

En aquel taller de Buenos Aires, aprovechando que el grupo estaba formado por personas con bastante experiencia como terapeutas y con un largo recorrido de búsqueda interior, planteé un ejercicio muy atrevido. Se trataba de una escenificación de a dos en la que uno se encontraba con su propia muerte, representada por el otro. Cada uno de los participantes, muy lentamente, caminaba al encuentro con su propia muerte. Había resistencias, como es natural, pues por lo general no deseamos morir y tememos nuestro final. El ejercicio buscaba generar una experiencia consciente sobre la propia desaparición guiada por las siguientes preguntas: «Si voy hacia mi muerte, ¿qué tiene que morir en mí para que yo pueda aceptarla y morir en paz? ¿A qué tengo que renunciar, de qué tengo que desapegarme, desprenderme? ¿Qué tengo que perder por el camino? ¿Qué tengo aún en mi vida por colocar en su lugar, por asumir, perdonar, reconocer o apaciguar? ¿Qué yoes deben desvanecerse?».

Después de abrazar y asumir la propia muerte, la propuesta consistía en retirarse gradualmente de ese abrazo y, enfrentándose directamente a ella, decir: «Aún necesitaría que me concedieras tiempo para...», tomando plena conciencia de lo verdaderamente esencial e importante para el camino de vida en el futuro. «Muerte, aún necesito tiempo para completar algún aspecto de mi vida: para cuidar de mi pareja, para ver crecer a mis hijos, para abrazar a mis nietos, para escribir un libro, para ponerme en paz con mi culpa, para realizar aquello que siempre quise hacer y nunca hice, para expresar lo que no dije, para vivir como verdaderamente necesito, para abrirme a la ternura que siempre reprimí, para escuchar y tomar en cuenta mis necesidades, ya que toda mi vida la he dedicado a atender a los demás.»

Si uno realiza con seriedad el ejercicio de morir, entonces descubre que mueren roles, apegos e identificaciones. Los roles familiares de padre, madre o pareja, las etiquetas profesionales, de buena persona, eficaz o exitosa, la carga emocional de amargura, todo aquello que creemos ser y poseer, así como aquello que constituye nuestro relato, se desvanece repentinamente, ya que es necesario despojarnos de todo para experimentar una muerte en paz. Alguna persona decía cosas como: «Me he dado cuenta de que lo que tengo que soltar es mi autoimportancia». Muchos dijeron frases como: «Mi fijación son mis hijos, debo soltarlos y entregarlos a la vida». Otras personas dijeron que tenían que desapegarse del rol de terapeuta, de cuidador, de orgulloso, y un montón de cosas más.

En muchas tradiciones religiosas, filosóficas y espirituales se habla de «morir antes de morir». Esto conlleva familiarizarse con la idea de la muerte, con la finitud de la vida, con la certeza de que algún día fenecerá el cuerpo y la narrativa de nuestra vida, aunque no el ser interior o la conciencia. El monje Angelus Silesius decía, en el siglo XVII, que «quien no muere antes de morir, después de morir se pudre». Así, morir antes de morir constituye un paso fundamental e inevitable en el viaje de la vida.

Esta muerte alegórica, a veces ritualizada por las tradiciones filosóficas y espirituales de la antigüedad, consiste en aceptar y vivir con conciencia la propia muerte física cuando toque, dejándonos caer en ella, abrazándola y asintiendo a que suceda: si lo logramos, nos asomaremos a una nueva dimensión esencial de la vida. Desapegarse de las cadenas de nuestras identificaciones es un acto bendito, una liberación que implica morir a uno mismo para ganar la vida eterna, entendida como la experiencia del esplendor presente en el aquí y ahora.

La Línea del Tiempo

Resulta fascinante descubrir que muchas personas, al acercarse a la muerte, experimentan una sensación de placidez, de bienestar, de ligereza o de reconexión con lo esencial, como bien explicaba el doctor Moisès Broggi, un médico y cirujano catalán que vivió más de cien años y que vio morir a mucha gente en los tiempos de la guerra civil española, cuando era médico en un hospital de Barcelona, así como durante los largos años de su práctica profesional. Broggi decía algo impactante: nunca había visto morir a nadie infeliz. Sospecho que se refería a los últimos momentos de la vida, los postreros instantes en que la persona, por fin, lo suelta todo, se relaja y se retira por completo de las identificaciones con su cuerpo y con su historia personal. Parece que, en ese momento, sobreviene una felicidad de otro orden, sin ego, que se basa en la conexión con la nada, o con el todo, y que produce una placidez muy esencial.

Algo parecido dice el doctor Enric Benito, oncólogo y experto en cuidados paliativos que acompaña a personas en su proceso de morir. «La muerte suele tener éxito», dice. Al menos, en liberarnos de nosotros mismos. Y, además, añade: «La muerte siempre termina bien». Es decir: la muerte es natural, y siempre hace bien su trabajo de demolición del ego para devolvernos, tal vez por un único instante final, a la felicidad original del espíritu.

Al llegar al final de la vida ya no hay posibilidad de elegir entre dos o más puertas del camino, sino que nos situamos ante la última puerta, la definitiva; y al cruzarla lo perdemos todo, pero de ese modo ganamos la eternidad. En este sentido, la muerte es dulce: nos iguala, nos reintegra a un vacío lleno. Es reconfortante esa mirada sobre la muerte. Creo que explica muy bien que morirse es, ante todo y después de todo, un fenómeno espiritual de reconexión con algo más grande. Tal vez la experiencia cumbre que corona una vida.

Sin embargo, no hay que olvidar que no hace falta morirse para experimentar algo así. En otro de mis viajes a Buenos Aires, me encontré con un amigo al que siempre veo cuando visito la ciudad. Me contó que le habían diagnosticado una enfermedad grave y que lo habían operado del corazón con riesgo de muerte. Me lo contaba como si se tratara de una experiencia iluminativa. Antes de someterse a la intervención, pidió a su familia que lo dejaran solo unas horas. Quiso retirarse a sí mismo y confrontar la posibilidad de que su vida llegara a su fin. Paradójicamente, no sintió ninguna angustia, sino una enorme gratitud por todo lo que había vivido, una profunda conformidad con su camino tal como había sido y una plena disponibilidad para despedirse de sí mismo y de la vida. ¡Qué belleza! Al final, superó la operación y se sintió muy contento de no haber fallecido y seguir entre los vivos. Aún le queda tiempo y lo está aprovechando como un regalo.

Normalmente, estamos tan separados del hecho de morir que no somos capaces de pensar que en la muerte también puede haber regalos. Solo nos defendemos de ella, y así nos perdemos un vínculo fundamental para el desarrollo de nuestra conciencia. Según un estudio científico reciente, parece que genéticamente estamos programados para relegar la idea de la muerte a un segundo plano, evitándola en nuestra conciencia diaria. En cambio, distintas tradiciones de conocimiento abundan en meditaciones sobre la muerte y la impermanencia. En el budismo, por ejemplo, se recomienda meditar en cementerios o visionar a los muertos con un propósito doble: aprovechar plenamente el tiempo que nos es concedido sobre la tierra y aprender a desapegarnos de lo que tenemos y de quienes creemos ser.

En la técnica denominada «línea del tiempo», que pertenece a la PNL (programación neurolingüística), la persona se sumerge en una introspección caminando hacia atrás, recorriendo mentalmente su pasado y reviviendo los numerosos eventos y sensaciones almacenados en su cuerpo. También puede proyectar imaginariamente su futuro mientras avanza hacia delante. Al explorar su pasado, que se extiende incluso hasta la fecundación, o al seguir la línea temporal de la vida de sus padres, suelen surgir episodios mal vividos, escenas de la infancia o momentos de la vida adulta que requieren ser integrados y reestructurados. Para facilitar este proceso, la persona sale de la línea del tiempo y adopta una perspectiva de testigo amoroso que trata de aportar recursos y comprensiones ahí donde faltaron y ver el proceso entero de la vida.

La línea del tiempo me recuerda a la película *El cielo sobre Berlín*, de Wim Wenders, en la que unos ángeles observan la ciudad desde las alturas y miran con compasión y amor las vidas de los que son, de los que han sido, de quienes pasean por las calles. Siendo nosotros humanos en vez de ángeles, ¿podríamos llegar a mirar nuestra propia vida con esa misma compasión angelical? ¿Puede uno situarse en un lugar de observador desde fuera de la propia vida para comprenderla en su totalidad, para desgranar sus momentos y digerir lo que no pudo ser asimilado?

Pienso también en *Cuento de Navidad* de Charles Dickens, donde el protagonista, Ebenezer Scrooge, avaricioso, cascarrabias y misántropo, recibe la visita del espectro de Marvey, su difunto socio. Este le advierte sobre el riesgo de seguir un destino desolador carente de valores, bondad y amor, y le anuncia las visitas de los espíritus de las Navidades pasadas, presentes y futuras. A través de estas visitas, el señor Scrooge obtiene grandes lecciones sobre lo que cuenta en la vida y se transforma en un ser más amable, compasivo, generoso y alegre. Parecería, pues, que la muerte y los muertos —tal vez también los ángeles, con independencia de que existan o no— tienen mucho que decirnos acerca de la vida: la guían y la iluminan.

En mis grupos terapéuticos, a veces planteo otro ejercicio que invita a la reflexión: imaginarse como el anciano que seremos cuando estemos cerca de dejar la vida. Desde esa posición, observamos a la persona frente a nosotros, ya tenga treinta, cuarenta o cincuenta años, con sus problemas, anhelos y sufrimientos. Desde esa perspectiva, debemos pensar en qué consejo le daríamos. Los resultados suelen ser profundos. También muy hermosos.

Tu rostro original

¿Acaso es la vida un cierto entrenamiento para la muerte o la no existencia de la que venimos? «La muerte es nuestra eterna compañera, siempre está a nuestra izquierda, a la distancia de un brazo», le hace decir Carlos Castaneda a don Juan. Por su parte, Spinoza escribió que «un hombre libre en nada piensa menos que en la muerte, y su sabiduría no es una meditación de la muerte, sino de la vida». Evadirnos de ella mediante el olvido nos vuelve cautelosos y temerosos, mientras que recordarla, de manera reflexiva, pero no obsesiva, nos permite resaltar la vida y estar más presentes en ella.

El psiquiatra y escritor Irvin Yalom tiene un libro precioso titulado *Mirar al sol. Superar el miedo a la muerte para vivir con plenitud el presente*. En sus páginas, podemos leer: «No demos por sentado que enfrentar la idea de la muerte es demasiado doloroso, que pensar en ella nos destruirá, que debemos negar la transitoriedad para que esta verdad no vuelva insoportable nuestras vidas. Tal negación no es gratuita: empobrece nuestra vida interior, nubla nuestra visión, embota nuestra racionalidad... Mirar a la muerte a la cara, acompañados por alguien que nos oriente, no solo aplaca el terror, sino que vuelve la existencia más rica, intensa y vital. Trabajar con la muerte nos enseña sobre la vida».

Como dicen los budistas, la impermanencia y la transitoriedad son el canon de todo lo existente. Ya lo decía Heráclito al afirmar que nadie se baña dos veces en el mismo río. Todo está sujeto a una implacable transformación. En el Evangelio según san Mateo, se nos dice: «No acumules tesoros aquí en la tierra, donde las polillas los comen y el óxido los destruye, y donde los ladrones entran a robar». Es mejor asumir el ciclo constante de la transformación y seguir la admonición de prepararnos para morir. Esto supone, entre otras cosas, darle sentido a la vida vivida, ponerse en paz con aquellos con quienes no lo estamos, reconocer el amor hacia aquellos que amamos y, al mismo tiempo, mirar a la muerte con un cierto cariño, incluso con un cierto anhelo por llegar a conocer cómo será eso de no ser nada ni nadie definitivamente.

Hay quien cultiva en vida una cierta actitud de no ser nadie, de no ser nada, un aspecto crucial para el terapeuta, como he explicado anteriormente. La pregunta de «¿Quién hay ahí?», o, sobre todo, «¿Quién soy yo?», planteada por Ramana Maharshi, popularizada como *yoga vichara* en la tradición *vedanta advaita*, nos invita a explorar hasta qué punto estamos inmersos en nuestras narrativas. Al repetir esta pregunta, nos damos cuenta de cómo nuestros relatos, siendo simplemente eso, relatos, llegan a ocupar el centro de nuestra identidad. Pero si insistimos en ese «quién soy yo», como si fuera un incomprensible *koan* zen, podemos llegar a conectarnos con una verdad esencial, con una identidad más silenciosa, más vacua, con el centro del ser, con nuestra verdadera naturaleza. «¿Cuál era tu rostro original, el que tenías antes de que nacieran tus padres?», reza un famoso *koan*.

En el año 2016, en Sevilla, me presentaron a una señora que decía ser una especie de vidente o psíquica. Según me contaron, era capaz de comunicarse con los muertos y entender la conexión entre este mundo y el mundo de las almas. Era una suerte de psicopompo, nombre con el que en la antigua Grecia se referían a las entidades que tenían el papel de conducir las almas de los difuntos hacia la ultratumba y el más allá, fuera el cielo o el infierno.

Decidí visitar a esta mujer y aproveché la ocasión para hacerle preguntas sobre personas fallecidas. Sus respuestas me parecieron sorprendentes, incluso atinadas. Sin embargo, cuando se me ocurrió preguntarle por Bert Hellinger, que entonces aún estaba vivo, la mujer me dijo muy seria: «Este hombre no existe». Yo le contesté: «No, este hombre vive, si es que no se ha muerto en las últimas horas y no me he enterado». Ella insistió: «No, este hombre está muerto».

Entonces, me dijo: «Este hombre está ahí». No sé dónde es ahí, pero ella señalaba a lo alto. «Está vivo, sí, vive, pero está ahí, y no existe.»

No sé exactamente qué quería decir, pero me tomé sus palabras como una metáfora: tal vez quería sugerir que Bert estaba ya vaciado de sí mismo, o que llegó a ese lugar de los que mueren antes de morir. Aunque la noción de vivir estando muerto pueda parecer vertiginosa, de alguna manera también suena como una gran liberación. Es comparable con la experiencia de un bebé pequeño que aún no tiene relato, que carece de una historia acumulada, y que, por tanto, no vive en una realidad pensada, sino ahí, en el presente y el amor absoluto, porque no hay nadie en él que pueda decir «yo».

De titanes y enanos

Más allá de la muerte física, pasamos por muchas muertes en vida que preceden a renacimientos, incluso a verdaderas resurrecciones. Es común que personas que pasaron por enfermedades graves expresen *a posteriori* gratitud hacia el proceso de la enfermedad porque les permitió morir a algo viejo y ya no funcional, así como resurgir a nuevas maneras de sentir, funcionar y estar en el mundo. He escuchado numerosos testimonios de personas que pasaron por un cáncer que hablan de la enfermedad con respeto y reconocimiento, que la consideran una fuerza catalizadora de cambios esenciales en su personalidad. Decaer y emerger, perder y ganar, envejecer y rejuvenecer, o viceversa, contraer y expandir, morir y renacer, enfermar y sanar, extraviarse y encontrarse, son las notas dominantes del tambor de la existencia.

Hay una frase de Amado Nervo que dice: «Todo nacimiento es una aparición». Venir al mundo es un acto de magia generativa: no estás, no existes, nada hace pensar que vaya a haber un Joan o un quien sea y, de repente, apareces aquí, en este mundo tan singular, maravilloso y esperpéntico. Siguiendo la misma lógica, podríamos decir que toda muerte es una desaparición, fruto de una especie de magia degenerativa: de repente, ¡ya no estás! Gotas ínfimas de polvo en una galaxia infinita, en un tiempo eterno.

Si a la muerte le sumamos la enfermedad y la vejez, tenemos una auténtica montaña rusa por delante. En algún momento, todos experimentaremos la enfermedad, y si somos afortunados, llegaremos a la vejez, mientras que la muerte será inevitable para todos, siendo aún más afortunados si podemos experimentarla en un estado de salud. ¿Tendremos el valor y la fuerza para afrontar estas etapas? Y, al mismo tiempo, ¿contaremos también con la humildad que se requiere?

Existe un mito griego que explica muy bien nuestra doble naturaleza, humana y divina, nuestra corporalidad y nuestra conciencia. Este mito afirma que los seres humanos estamos hechos de tierra y ceniza. Zeus redujo a cenizas a los titanes por haber matado y devorado a Dionisos. De estas cenizas, mezcladas con un poco de barro, nació la especie humana. Es bonito pensar que los seres humanos tenemos algo de *titánico* y, al mismo tiempo, algo de *dionisiaco*, adquirido a través de la digestión de Dionisos por parte de los titanes. Este mito nos habla de lo heterogénea que es, en realidad, nuestra naturaleza: un poco de la divinidad de Zeus, otro poco del poder de los titanes, un poco más del espíritu del dios danzante y, sobre todo, una medida de insignificancia, pues somos mortales condenados a la vejez, la desaparición y el olvido.

Tenemos un corazón dionisiaco que danza la vida, pero que también tiene una cara sobria. Apolo, hermano y polaridad de Dionisos, aconseja: «Diviértete con moderación».

No en vano era el dios regente del oráculo de Delfos, donde se hallaba la célebre inscripción: «Conócete a ti mismo». Sin embargo, el oráculo también portaba otra frase, menos conocida, que acompañaba a la anterior: «Nada en demasía», es decir, tómalo todo en su justa medida. Esta perspectiva no disminuye la belleza de la vida; al contrario, la enriquece y le otorga un sentido más profundo, ya que somos nosotros quienes construimos ese sentido. Nuestro superpoder como seres humanos reside en la capacidad de infundir significado incluso en lo aparentemente vacío, el gran arte de Apolo, dios de la luz, la poesía y la belleza. Al final del trayecto, el significado se erige en la fuerza más poderosa en toda experiencia de vida. Otro gran superpoder que poseemos es el de coexistir con lo opuesto al significado, es decir, el misterio, especialmente en lo que concierne a la vida y la muerte, con sus hilos caprichosos. Este es el magistral arte de Dionisos, dios del vino, la locura y el éxtasis.

Llevarse el muerto a casa

Para los chamanes, brujos y psicopompos de distintas culturas, la línea divisoria entre la vida y la muerte es relativamente permeable. Para ellos, ambos polos son un viaje de ida y vuelta, como si la vida y la muerte constituyesen una única realidad dinámica y extendida. En las perspectivas chamánicas, ese nexo entre el inframundo de los muertos y la soleada estancia de los vivos se hace muy presente. Por el contrario, la vida moderna, individualizada, urbana, atomizada y racionalista, saturada de logos y escasa en mitos, ritos y conexión con la naturaleza, ha desvanecido o incluso desechado el cableado de estas conexiones primarias, tribales y comunales.

Me parece insana y antinatural la pérdida del sentido de ancestralidad, de pertenencia, de tribalidad. Hemos sucumbido al sistema económico que pivota sobre el consumo, la codicia y la individualidad y podríamos decir que sufrimos desamparo comunitario y ancestral, puntos sagrados para el buen desarrollo de una vida sana. Los grupos terapéuticos, en este sentido, actúan como reparadores de esta pérdida al proporcionar un nosotros significativo.

En constelaciones familiares, se abordan muy de cerca los vínculos entre los vivos y los muertos, se ritualiza el valor del nexo entre ambos mundos. En cierto modo, los muertos viven en sus descendientes y en aquellos que los recuerdan. Hay un constante ir y venir entre el mundo de los muertos y el mundo de los vivos. El amor actúa como el puente entre ambos lados: los vivos tenemos vínculos amorosos con los muertos y, dependiendo de cómo se enfoque este amor, se puede evitar la energía de muerte y de retracción, generar vida y expansión.

Al igual que muchas culturas tribales honran y reconocen a sus muertos, integrándolos en sus vidas para que estas sean más auspiciosas, tengo la sensación de que en nuestra cultura occidental actual nos hemos ido alejando de la muerte, empobreciendo nuestra vida cotidiana y desperdiciando la oportunidad de tener una sana relación con los muertos. Para corregir esta tendencia, bastaría con visitar Benarés y observar el cotidiano discurrir de los fallecidos, portados por sus familiares, para despedirlos y ser pasto de las llamas en los crematorios públicos a orillas del Ganges.

En Occidente, hemos logrado alargar la vida y posponer la muerte, y celebrar el aumento de la esperanza de vida. Sin embargo, el lado opuesto de esta cuestión es más dramático: hemos confinado a los moribundos, a los ancianos e incluso a los enfermos, al apartarlos de sus entornos familiares. Hemos ganado vida, pero no necesariamente calidad de vida. La sociedad magnifica la idea de la juventud, de belleza, de vigor, y repudia la idea del deterioro, la dependencia y la fragilidad. ¡Qué pena que no vivamos en una comunidad donde los niños puedan convivir con ancianos, los ancianos con niños, donde todas las generaciones se mezclen, interactúen y se enriquezcan mutuamente! Quizá solo sea añoranza de las familias extensas y los pequeños poblados, pero todo ello nos permitiría tener una relación más sana con los ciclos naturales de los fenómenos y de las cosas y, por ende, con la muerte y con los muertos.

A veces, velar a los muertos durante unos pocos días no es suficiente. Bert ponía como ejemplo la tradición zulú, donde los familiares traen simbólicamente de nuevo al muerto a casa un año después de su entierro. El ritual consiste en sustituir al difunto por la rama de un árbol e imaginar que este se encuentra sentado encima de ella. En muchas casas de África, especialmente entre los zulúes, se reserva un espacio para los difuntos. Este lugar suele estar cerca del área donde se guarda la cerveza, y durante el rito siempre se bebe, incluso se reserva un trago para el muerto.

«Te sigo a la muerte»

Las consecuencias del divorcio con nuestros difuntos son diversas y significativas. Como mencioné anteriormente, una de ellas es la dinámica familiar que Bert Hellinger llamó «te sigo a la muerte». Ocurre cuando alguien, en lugar de hacer un duelo y honrar a la persona que falleció, respetando su destino, se ancla en la añoranza, la culpa o el enojo, y siente una fuerza energética, a menudo inconsciente, que lo impulsa hacia la muerte. Esta dinámica puede tener consecuencias trágicas en las familias, generando situaciones en las que, por ejemplo, un hijo percibe que su padre sigue a la muerte a su abuela, por lo que comienza a sentir internamente que, por amor a él, debe enfermar o morir en su lugar.

En la actualidad, el proceso de duelo se presenta más desafiante, puesto que estamos perdiendo los apoyos comunitarios. En realidad, un asunto fundamental que aborda necesariamente toda buena terapia, dada su importancia en el viaje de la existencia, es cómo enfrentamos las muertes de nuestros seres queridos y allegados. Se trata de asumirlas e integrarlas, permitiéndonos así liberar a los difuntos con amor y reconocimiento, al mismo tiempo que los incorporamos como influencias benéficas en nuestras vidas.

Creo que rendimos un tributo significativo a nuestros seres queridos difuntos al valorar y disfrutar plenamente de la vida. En este tiempo de individualismo extremo, necesitamos más que nunca los ritos y las ceremonias para dar forma a los pasos esenciales de la vida. Al respecto, Fritz Perls ahondaba en la importancia de los ritos planteando: «¿Cómo sería meter a nuestros muertos en una bolsa de plástico y tirarlos al vertedero?». Sin duda, una locura. Los grandes tránsitos, los grandes pasos, requieren de ceremonias.

El duende del bosque

Recuerdo un estudio que se hizo sobre una comunidad de italoamericanos de Nueva York que seguía prácticas alimentarias consideradas poco saludables: comían demasiado y con excesivos carbohidratos, bebían mucho vino y cerveza, fumaban a sus anchas y se saltaban las más elementales recomendaciones del nutricionista menos rígido. Lo sorprendente era que, a pesar de estos hábitos, disfrutaban de una buena salud. La conclusión del estudio sugería que su bienestar estaba resguardado por relaciones humanas ricas y vínculos sólidos. Celebraban muchas fiestas, comían y bebían juntos, y reían. Se sentían amparados los unos por los otros.

Me acuerdo también de mi amigo Francesc Miralles, que escribió el exitoso libro *Ikigai. Los secretos de Japón para una vida larga y feliz*. Tener un *ikigai* significa tener un motivo para existir, ya sea encontrar un propósito al iniciar el día, disfrutar de una pasión o simplemente realizar actividades significativas para uno mismo, como tomar un café, dar un paseo, cuidar una planta o un huerto. Incluso aquello que puede parecer insignificante para los demás puede ser crucial como propósito personal. Los estudios sobre longevidad explican que tener un *ikigai* es uno de los secretos para vivir más tiempo. Otro elemento clave es cultivar relaciones ricas, conocidas en Japón como tener un *moai*, las cuales procuran seguridad y amparo. A través de diversas actividades y eventos, tejen lazos de apoyo, solidaridad y afecto duraderos, formando así una auténtica fábrica de vida.

Contaba Francesc que, cuando estuvo en Japón, concretamente en Okinawa, la isla con más habitantes centenarios del mundo, le dijeron que no valía la pena entrevistar al profesor de tenis porque era muy joven: tenía aproximadamente setenta y cinco años. También quedó impresionado por la devoción de los ancianos de la isla hacia unos duendecillos mitológicos del bosque, conocidos como *bunagaya* o *kijimuna*, que se asemejan a niños pelirrojos y habitan en los árboles, especialmente en los banianos. Esta creencia, que conecta con lo invisible, parece desempeñar un papel en el bienestar. En resumen, la fórmula para la longevidad implica la sacralización de la naturaleza y la percepción de todo como sagrado.

Una frase de Chögyam Trungpa, uno de los grandes pioneros del budismo tibetano en Occidente, dice: «Bendícelo todo, sacralízalo todo, hazlo todo sagrado, porque nada lo es». La veneración hacia el *bunagaya* refleja de alguna manera esta actitud de santificar la vida. Bendice todo, no por alguna razón lógica, sino porque aporta bienestar, porque te conecta de manera saludable. No importa si racionalmente todo este juego de la vida es un sinsentido o un caos. Dentro de ese caos tal vez exista algún tipo de principio rector o de brújula, un pálpito, un misterio a respetar. Incluso el mismo caos nos otorga una posibilidad de sentido: lo creamos nosotros.

Tengo la sospecha de que el duende *bunagaya* no se pasea por las ciudades porque le gusta mucho el color verde de las plantas, el aroma a bosque y el agua fresca y cristalina de los arroyos no alterados. El verde es más abundante en la naturaleza. Y la naturaleza nos ofrece ejemplos constantes de sus ciclos: de su nacer, de su morir, de su implosión y su explosión, de su declinar y su renovarse. Así que una vida más viva seguramente es aquella que tiene alguna conexión con el duende pelirrojo, que puede presentarse de otras maneras según una tradición u otra, pero siempre en forma de símbolo, mito u objeto que rinde culto a la naturaleza y sus ciclos, y nos hace humildes ante lo sagrado y lo más grande, algo que nos trasciende.

Recuerdo una historia que me contó una amiga chilena sobre una mujer mapuche en el sur de Chile a la que le preguntaron: «¿Este es el árbol sagrado de los mapuches?». Y la mujer respondió: «Sí, pero aquel también, y aquel otro también; para nosotros, todo es sagrado».

El hombre en busca de sentido

Stanislav Grof describe la muerte como «el viaje definitivo». En su libro homónimo, me conmovió el relato sobre una mujer enferma terminal que participó en un programa de investigación con LSD. Esta paciente afirmaba: «Fui una niña tan triste, tan triste, tan triste. Y luego fui una joven tan triste, tan triste, tan profundamente triste. Y luego he sido una mujer tan triste y una madre tan triste, y una mujer madura triste. Siempre hubo tanta tristeza en mi vida». Luego, en pleno viaje de LSD, esta mujer escuchó una voz que le decía: «Sí, pero alguien tiene que estar triste». Esta afirmación suponía aceptar que esa había sido su misión, su tarea, su cumplimiento en la vida: encarnar la tristeza. Su relato me hace pensar en la importancia de aceptar la vida vivida, de ponerse en paz con uno mismo y con los demás para coronar la vida con sentido. De alguna manera, a través de su aceptación, logró una muerte serena.

Decía Epicteto, el filósofo estoico, que «no son las cosas las que nos inquietan, sino nuestras opiniones sobre ellas y nuestra forma de vivirlas». No hay duda de que los hechos a menudo duelen como el demonio. Y conviene sumergirse en el dolor justamente para dejar de experimentarlo y poder superarlo. Abrir los ojos a la realidad no puede dañar. En cambio, el miedo a enfrentar la realidad de frente sí puede ser perjudicial, pues el miedo sobrecarga el inconsciente, siempre con consecuencias funestas. En las constelaciones se exige al participante que sea un adulto emocional, que mire a la realidad a la cara.

El proceso que guía a una persona a enfrentar la realidad debe estar en armonía con el respeto a sus ritmos individuales. Es crucial reconocer lo que es posible y lo que no lo es en cada momento para cada individuo. En ciertas ocasiones, puede no ser el momento adecuado para que alguien enfrente directamente a su agresor, utilizando el ejemplo de un caso particularmente doloroso. En lugar de intentar forzar el flujo del río, es preferible permitir que fluya naturalmente, ya que todo proceso requiere tiempo y un entorno de seguridad y sostén. Exigirle a la realidad que se revele es fundamental para que pierda su carga ominosa y fomente expansiones positivas del corazón hacia la vida. Sin embargo, para asentir a la realidad, a veces es necesario tomarnos el tiempo que sea preciso. En este sentido, puede ser útil preguntar al consultante: «¿Es tu momento para ello? ¿Es el momento de que vayamos en esta dirección?».

Una señora vino a un taller y se sentó a trabajar en la silla. Al ponerme en contacto con ella, acudió a mi pensamiento una idea singular. A veces, cuando estoy muy cerca de una persona, tengo intuiciones muy fuertes sin saber por qué. Creo que esto les pasa a muchos terapeutas, y es el fruto del encuentro auténtico con el consultante. Son intuiciones que, desde luego, nunca doy por infalibles. Sin embargo, en este caso, al mirar a la mujer, mi primera impresión fue: «Tiene un santo que la protege». Qué cosa más rara. Se lo dije tal cual: «Te has sentado aquí y mi primer pensamiento ha sido que hay un santo que te protege». A lo que ella me respondió: «¡Pues claro!». Y a continuación nombró al santo o santa, cuyo nombre he olvidado. Era algo tan natural para ella; era su atmósfera. A continuación, me contó un suceso de su infancia: su madre era esquizofrénica y, cuando ella tenía seis o siete años, la mujer hablaba sola, tenía delirios, y se preguntaba en voz alta: «¿La mato o no la mato?». Ahora pongámonos en la piel de una niña de seis o siete años e imaginémonos la situación: la madre, enferma mental, teniendo un diálogo con vete a saber quién y preguntándose si ha de matar a su hija. Por fortuna, ante esta situación tan devastadora, la consultante desarrolló la defensiva e imaginativa idea de que contaba con la protección de una santa. ¿No es bello? La vida nos traumatiza y nos ofrece defensas. ¡Benditas defensas, pues! El pequeño inconveniente es que a veces seguimos utilizando esas defensas, incluso cuando la situación traumática ya ha cesado.

Viktor Frankl, psiquiatra y creador de la logoterapia, fue un maestro en darle sentido a la vida, incluso cuando no es para nada bella. En su libro *El hombre en busca de sentido* comparte su experiencia de vivir en el epicentro de la crueldad humana, siendo prisionero en los campos de concentración nazis de Auschwitz y Dachau. Allí murieron su padre, su madre y su joven esposa, que estaba embarazada. El libro se lo dedicó al hijo o hija que nunca llegó a nacer. Este psiquiatra se propuso sobrevivir para, más tarde, explicarle al mundo cómo era la psicología en los campos de concentración, cómo era el sufrimiento humano y las diferentes actitudes de las personas ante el paisaje de la atrocidad.

De modo muy radical, Viktor Frankl decía que podemos encontrar sentido en el propio sufrimiento. El dolor también es una vivencia que tiene sentido en sí misma. Esta perspectiva se alinea con lo expresado por Georges Gurdjieff sobre la práctica del sufrimiento consciente: un tipo de práctica que consiste en no resistirse al dolor, sino en abrirle el corazón. Es una receta terapéutica muy buena, no porque seamos masoquistas y queramos regodearnos en el dolor, sino porque actúa como una cura tanto para nosotros como para la experiencia dolorosa en sí.

La Caída

A veces me han preguntado si, más allá del sufrimiento personal y familiar, existe un mal inherente al simple acto de existir, y tal vez la respuesta sea afirmativa. Somos seres «caídos»; simbólicamente probamos el fruto del árbol del conocimiento del bien y del mal, quisimos ser como dioses, despreciamos el árbol de la vida. ¿Y dónde caímos? En el ego. En el yo como entidad separada del tú o de la realidad.

Creo que es innegable la presencia de un profundo *pathos*, una patología marcada en nuestro mundo. Esta patología consiste, sobre todo, en una polaridad o dialéctica entre el yo y el nosotros, expresada también en un divorcio entre la naturaleza y la cultura o civilización. Se ha exacerbado tanto la dimensión de lo individual, del yo, que se ha perdido una vivencia más natural de la vida como mamíferos: el sentido del nosotros. Hay demasiada gente que sufre porque no está insertada o no pertenece a un colectivo significativo. Estamos atomizados.

Sin lugar a dudas, nos hemos alejado de un vivir natural y de un contacto mayor con lo biológico y espontáneo. Para comprobarlo, basta con que nos preguntemos: ¿qué guía nuestra existencia? ¿El corazón o el dinero? ¿La pasión o la razón? ¿La agitación o la calma? ¿Lo externo o la vida interior? En la vertiginosa carrera hacia el crecimiento económico, se fomenta que las personas vivan de manera fragmentada, ya que resulta lucrativo para el mercado.

Se dice que, previamente a la Caída, la especie humana vivía en el paraíso en la tierra. Algunos antropólogos afirman que ese supuesto paraíso no solo es una ficción literaria, sino que realmente existió. Steve Taylor, autor de *La Caída*, sostiene que ese paraíso se vivió durante la era de los cazadores-recolectores, un periodo en el que las personas formaban «comunidades significativas»: grupos de aproximadamente ciento veinte o ciento cincuenta individuos, en los que todos se conocían y se sentían interconectados. La sexualidad era diversa y libre. No existía el concepto de propiedad privada. No existía la idea de mío o tuyo, o en todo caso era muy rudimentaria. Lo más importante es que tal vez no existía la idea del yo tal como lo conocemos hoy.

La fuente más elemental de sufrimiento surge precisamente de la caída en el yo, que nos desconecta de la unidad con los demás y con la naturaleza. Creo que hay algo atávico, biológico y mamífero insertado en nosotros: el grupo, la tribu, la familia. Y es ahí donde las constelaciones tienen mucho que decir, ya que estudian la comunidad o la unidad de acompañamiento, no solo centrándose en la persona, sino en el universo comunitario que la envuelve. Las constelaciones no solo trabajan con la mente individual, sino con la mente colectiva de la que cada persona es partícipe.

Surge así el concepto de «tribu interior»: uno puede estar en la indigencia, en la más completa soledad, en una calle oscura de cualquier ciudad, pero en su interior hay un sentido de grupo, de tribu, formado por padres, abuelos o hermanos. Ocuparse de este malestar primario y ontológico, que surge de haberse desconectado de la vida a través de un yo que se experimenta separado, es propio de los senderos espirituales.

Hace miles de años, antes de que existiera lo que hoy definimos como *civilización*, lo peor que le podía pasar a un individuo era ser excluido de la tribu. En la era de los cazadores-recolectores, esto prácticamente equivalía a la muerte. No solo porque resultara difícil sobrevivir a la escasez de alimentos o al frío, ya que la tierra era generosa, sino más bien porque nadie deseaba vivir desterrado de su comunidad. La vida se marchita sin vínculos. Hoy, sentirnos excluidos sigue siendo una sensación terrible para cualquier individuo.

En las tribus primitivas, los vínculos con aquellos que ya no estaban presentes también tenían una importancia significativa. Existían ritos funerarios para honrar a los muertos, y se establecían incluso reglas para relacionarse con ellos. En muchas culturas antiguas, se destacaba la celebración de los ancestros y la necesidad de su bendición. Como ya he explicado, una de las preguntas fundamentales en el trabajo de las constelaciones es: ¿qué destinos tienen que ser respetados para evitar que se repitan? En estas sociedades primordiales, existía un reconocimiento de los destinos individuales, de los lugares de cada uno. Se vivía la bendición y el apoyo de los ancestros, y esto llenaba de energía de vida a los vivos, que no necesitaban estar mirando hacia atrás, hacia la muerte.

Los muertos como aliados

En el marco de las constelaciones, se reconoce a los difuntos como aliados. Creo que es beneficioso percibir a los fallecidos como mentores y recibir sus bendiciones. Algunas personas incluso experimentan imaginariamente la inspiración del espíritu de un ser querido, al que llaman *espíritu guía*. Sin duda, nuestros difuntos representan un santuario psicológico en el cual, si todo está en armonía y sin exclusiones, podemos hallar una fuente rica de bendiciones. No obstante, es necesario señalar que en nuestro universo de personas fallecidas también coexisten aquellos con prestigio y los que carecen de él, así como aquellos que tuvieron una vida plena y los que no.

Cuando mis padres se hicieron mayores, mi madre se quejaba: «Ay, ¡nos hemos hecho viejos!». Y mi padre le contestaba: «¡Qué bien que nos hayamos hecho viejos!». Él estaba contento. Sentía que había tenido una buena vida y era muy bonito oírselo decir. Así, existen los muertos que sienten que han tenido una buena vida, pero también aquellos que no estuvieron muy en conformidad con su vida ni en sintonía con su muerte: los que tuvieron una muerte desdichada, trágica o accidental; aquellos a quienes una enfermedad se los llevó y que no hubieran deseado partir de esa manera, y, en ocasiones, los que enfrentaron la muerte siendo aún niños.

En el marco de uno de mis talleres, una mujer me hizo una consulta. Su abuela había perdido a una hija, que habría sido tía de la consultante. Cuando ella nació, decidieron ponerle el nombre de la niña fallecida. Un sistema familiar anhela completud, pero hay que resistirse a la tentación de buscar la completud a través de la «reposición». Pareciera que el sistema familiar aspira a llenar el vacío de alguien «perdido» mediante un reemplazo. Sin embargo, como hemos observado en repetidas ocasiones, este enfoque no resulta beneficioso.

Aquellos muertos que no fueron debidamente reconocidos pueden ser reintegrados mediante un proceso de trabajo interior. He visto a muchas personas, ya sea en sesiones de terapia o en constelaciones, que no mantenían una conexión armoniosa con un padre o madre fallecidos, lo cual generaba una falta de paz. Aquellos que no pudieron completar el proceso de reconciliación con sus padres en vida a menudo se ven luego en la necesidad de encontrar esa paz con los padres ya fallecidos. Esta paz implica respeto, reconocimiento, aceptación, acuerdo y, con suerte, una dulzura de corazón.

Respetar el destino de cada uno

En algunas ocasiones me han planteado la pregunta: «No debe ser tan fácil integrar u honrar a los muertos si uno es, por ejemplo, descendiente de Hitler». Ante esto, mi postura es clara: creo que también Hitler merece amor en un sentido espiritual. Sé que a Hellinger lo acusaron de nazi por decir algo así, pero eso demuestra una falta de comprensión. Hellinger estaba en las antípodas del nazismo: era una persona bondadosa, amante de la humanidad y de la alteridad. Decir que Hitler merece amor espiritual, tal como lo hemos conceptualizado en capítulos anteriores, no significa que nadie deba amarlo con un amor emocional. Más bien, podemos tomar como ejemplo la actitud del dalái lama, quien no odia a los chinos que invadieron el Tíbet porque no desea regalarles su odio. O el ejemplo de nuestro querido lama Thubten Wangchen, el siempre alegre director de la Casa del Tíbet de Barcelona. Cuando le preguntan si siente odio hacia los invasores que asesinaron a su madre y le condenaron al exilio siendo un niño, responde: «No odio a los chinos: ellos son mis "maestros de paciencia"».

En situaciones marcadas por violencias extremas, abusos y violaciones de la dignidad humana, es común observar que los hijos o nietos de generaciones posteriores eligen vidas problemáticas o se resisten a vivir plenamente. En un caso extremo, ¿cómo puede un descendiente de Hitler realizar el proceso interno de reconocer las acciones de su antepasado y, al mismo tiempo, sentirse inocente y libre de esa influencia? Y, más aún, ¿cómo podemos apreciar a un padre o madre como tal, honrando la vida que nos han dado, a pesar de que hayan cometido atrocidades? Este es un ejercicio titánico y tremendamente difícil a nivel interno, ya que nuestra naturaleza mamífera nos acerca tanto a lo que amamos que nos vemos implicados en su destino y en la justicia del sistema, a menos que abramos los ojos o trabajamos muy intensamente para tomar conciencia de nuestras implicaciones sistémicas y, con ello, evitarlas.

Frecuentemente, aquellos que han causado daño a otros desarrollan una dureza, una frialdad extrema, insensibilizándose para evitar que el dolor y la culpa los consuman. En muchos casos, personas que han sido responsables de quitar vidas no pueden soportar la carga de la existencia y terminan por quitarse la propia. No obstante, hay quienes optan por insensibilizarse y volverse más implacables. Las consecuencias de esta elección recaen, en ocasiones, en sus propios descendientes, manifestándose en forma de enfermedades mentales, suicidios u otros problemas similares. Por otro lado, algunos afortunados consiguen suavizar sus corazones y dar un lugar de amor a las víctimas.

Existe una regla del buen amor en las familias que nos insta a respetar el destino de cada individuo. ¿Cómo lidiar con un padre que abusó repetidamente de alguno de sus hijos? Para estos hijos, la única opción es integrar esa dura realidad que les ha tocado vivir. Aquellos que no pueden trabajar para incorporar estos hechos difíciles en sus corazones probablemente se sumergirán en un destino desafortunado, en el sufrimiento, e incluso pueden caer en la compulsión a la repetición. En consecuencia, la víctima podría estar comunicándole al padre violador o a la madre maltratadora: «Teníais razón, sigo mirando al pasado y reconociendo que aquello que ocurrió es lo que luego ha de dirigir mi vida». Y esto es realmente triste.

Danzar con nuestros ancestros

El viaje terapéutico, el camino del autoconocimiento, es también una manera de acercarnos a un saber morir. En terapia, es crucial situar estos temas en el epicentro, ya que subyacen en muchos de los asuntos que causan sufrimiento a las personas. ¿Cómo escapar del dolor de un duelo o de una pérdida? ¿Cómo sustraernos de nuestra propia muerte? ¿Y qué hacer ante el inexorable avance de la vejez? Escapar de estos cuestionamientos es una empresa imposible.

Las constelaciones familiares son el abordaje que mejor nos ayuda a comprender y clarificar las dinámicas sutiles entre los vivos y los muertos, entre la vida y la muerte. Gracias a sus escenificaciones, se evidencia de manera rápida que la vida encuentra su sustento en la muerte. Detrás de cada uno de nosotros se extiende una multitud que ya no está presente: nuestro inmenso legado ancestral. De hecho, ¡los muertos son innumerables! Se ha calculado que nos preceden 100.000 millones de seres humanos ya desaparecidos, mientras que hoy en día somos 8.000 millones, solo un ocho por ciento de todos los que alguna vez han vivido. Así que los muertos, en cierto modo, sostienen la vida al haber transmitido su existencia a los vivos. La llama de la vida continúa encendida porque la hemos ido pasando de mano en mano a través de milenios.

En constelaciones, se hace presente la mente colectiva de la familia, que abarca a vivos y muertos, revelando así las dinámicas entre ellos. Ahora bien, ¿cómo son tales dinámicas? ¿De implicación sistémica y energía de muerte? ¿De apoyo, bendición y energía de vida? Es importante clarificarlo y redirigirlas en caso de que nos encontremos atrapados en dinámicas más o menos inconscientes que, como hemos explorado anteriormente, implican seguir los pasos de aquellos que ya han fallecido o cargar con sus asuntos pendientes. Los muertos que no son recordados y honrados, incluso los niños cuya pérdida causa tanto dolor, se convierten en una fuente de debilidad e inquietud dentro de las familias.

Es esencial comprender que dentro de nosotros siempre coexisten energías de vida y de muerte, cuyas magnitudes y tendencias cambian en función de los hechos que vivimos y de cómo los procesamos e integramos. Cada persona posee un grado único de energía de vida y de muerte que va oscilando en distintos momentos vitales. Naturalmente, hay una energía de muerte que se manifiesta cuando las personas envejecen y gradualmente se ven afectadas por el proceso biológico espontáneo de declinar, que las va retirando de la vida hasta su eventual fallecimiento. En ese caso, estamos hablando de un proceso funcional.

Sin embargo, no es funcional que un chico de dieciocho años intente suicidarse, una realidad cada vez más presente en nuestra cultura. O que una persona de treinta y cuatro años esté enfermando constantemente sin motivos aparentes o justificados, o que tenga accidentes recurrentes, algo que también observo con frecuencia. Es necesario examinar la composición de este vínculo entre los vivos y los muertos, entender con qué hilos visibles o invisibles está estructurado.

Recuerdo un ejercicio maravilloso que Bert Hellinger solía llevar a cabo y que he propuesto en alguna ocasión en mis talleres. Bert invitaba a las personas a ir imaginariamente a la tierra de los muertos, tal como hizo Orfeo para ir a buscar a Eurídice. Aunque pueda parecer extraño, este viaje es algo anhelado por muchas personas, especialmente por aquellas que han perdido a seres queridos. El viaje consiste en cruzar el río del olvido y de los lamentos a bordo de la barca de Caronte, el señor de las sombras. Al llegar al otro lado, a la morada de los muertos, la persona se reúne con sus seres queridos fallecidos, mirándolos directamente a los ojos. El padre, el abuelo, la esposa, el hijo, la primera mujer del abuelo, todos aquellos que conformaban el paisaje del alma de cada individuo y que tienen relevancia en su vida.

Al llegar a este punto, Bert Hellinger aconsejaba: «Observa si hay alguno que te mira como si aún necesitara algo de ti y le faltara la paz. También descubrirás que otros seguramente están en paz y te sonríen, lo que significa que todo está en orden con ellos y en su lugar. A los primeros, hónralos, reconócelos, agradéceles, dales el lugar que merecen, respeta el destino que tuvieron, inclina tu cabeza ante ellos de manera que sientas que reciben gratitud o respeto y el reconocimiento de su vida y de su grandeza. Verás que, al hacerlo, encuentran la paz, pueden retirarse y, finalmente, cerrar los ojos. Cuando estén en paz y tú estés en armonía con ellos, aceptando la tristeza y el dolor de que ya no están aquí, sino en la tierra de los muertos, aunque sigan presentes a través de lo que transmitieron y que ahora forma parte de ti mismo, de tu cuerpo y tu conciencia y tu recuerdo, entonces... déjalos ir. Así, verás que se retiran, alejándose hacia un lugar lleno de luz, desvaneciéndose lentamente en esa inmensa claridad. Luego regresa a la tierra de los vivos».

Esta metáfora, esta ficción interior entre la tierra de los vivos y de los muertos, es una dialéctica presente en muchas culturas, en muchas tradiciones, en muchas literaturas. También se refleja en nuestra propia mitología personal: al aplicar esto a nuestra vida, notamos una pulsión de vida y una pulsión de muerte, como describió Freud, denominándolas Eros y Tánatos.

Podemos explorar qué aspectos dentro de nosotros son expansivos y ascendentes, y cuáles están muertos, contraídos y caídos. También podemos indagar dónde reside la energía de muerte en nuestro interior, qué la alimenta y cómo podemos transformarla en energía de vida. Un ejemplo es el caso de una joven con cáncer metastásico, cuya constelación reveló su conexión con su madre fallecida recientemente y cómo su madre, a su vez, siguió a su abuela, a quien perdió en la infancia.

Estábamos en medio de una constelación y, al iniciar los movimientos de los representantes destinados a fomentar el respeto a la vida y a establecer un buen lugar para todos, me encontré con una sorprendente manifestación del poder latente de las lealtades sistémicas desdichadas y de la culpa. Entonces, la consultante afirmó con gran honestidad: «En verdad, no sé si me quiero curar». Lo que significa: «No sé si quiero seguir en la vida, no sé si no es mejor para mí morir y reunirme (en la fantasía) con mi madre».

Desde luego, este yo que dice «no sé si me quiero curar» debe ser escuchado, considerado, entendido, pues obedece a impulsos amorosos muy primarios. Y debe ser integrado y, con suerte, transformado.

Vivir en plenitud

Tal vez sea el momento de reflexionar sobre lo que nutre la energía de muerte en cada uno y de identificar qué la fortalece o sustenta. Son preguntas que, en mi opinión, resultan cruciales. En el marco terapéutico, nos encontramos con personas cuya energía está orientada hacia la muerte. En este contexto, es fundamental indagar acerca de qué alimenta e impulsa esa energía. También es preciso identificarla, teniendo en cuenta que la energía de muerte se manifiesta de múltiples formas: como enfermedad, como depresión, la falta de motivación para vivir o de hacer algo bueno con nuestros días en el mundo, y, en ocasiones, se refleja en comportamientos autodestructivos como intentos de suicidio, adicciones, perjuicio hacia los demás, así como en problemas de salud mental, pérdida de sentido vital y continuos accidentes, entre otros.

En todos los seres humanos, al igual que en todo lo vivo, se despliega una dialéctica entre la energía de vida y la energía de muerte. La tarea esencial para todos consiste en que, mientras estemos vivos, prevalezca la energía de vida sobre la energía de muerte, pues es la que nos aporta bienestar, alegría, expansión, vivencias significativas y relaciones nutricias. ¡Que la vida nos pille viviendo! Es cierto que, en el caso de las personas de edad avanzada que transitan la última etapa de sus vidas, es natural que se vayan un poco hacia dentro y se impregnen biológicamente de energía de muerte. Y creo que resulta sano concienciarlo y lentamente dejarse ir a otra dimensión. Sin embargo, quienes no son tan ancianos no tienen por qué dejarse seducir por los cantos de sirena de la muerte.

Recientemente, un conocido me confesó que en su familia no se hablaba nunca del hermano fallecido de su padre, quien había muerto de niño. Esta persona no era capaz de darse cuenta de la relación existente entre sus reiteradas conductas autodestructivas, como el consumo de drogas en grandes cantidades, y la lealtad hacia ese tío muerto, la pulsión devastadora que lo llevaba a emular su destino. Los muertos se vuelven inquietantes cuando no estamos en paz con ellos. En cambio, se convierten en fuentes de vida cuando, a través de nuestra mirada compasiva y reconocimiento, sentimos que nos sonríen y nos miran con el deseo de que nos vaya bien y de que aprovechemos el tiempo que tenemos aún en la tierra.

Abrazar el presente

Hades concedió a Orfeo la posibilidad de descender al inframundo, pues era tal su dolor por la muerte de Eurídice, y eran sus cantos tan profundos y sentidos, que el dios de los muertos no pudo negarse. Es ese un deseo que mucha gente comparte: cuando un ser querido muere, anhelaríamos reunirnos de nuevo con él.

Orfeo logra rescatar a Eurídice, pero su trágico error ocurre cuando cruza la laguna Estigia y está a punto de salir al exterior. Incapaz de resistir la tentación, se gira a mirar a su amada y esta desaparece. El mito nos enseña que mirar hacia atrás significa morirse, «petrificarse». Cuando Orfeo mira atrás, hacia el pasado, hacia el apego, Eurídice se desvanece como una neblina en el aire. El mensaje es muy claro: cuando miramos atrás, no celebramos la vida.

En constelaciones, a veces decimos «yo te sigo a la muerte, querido papá, querida mamá, querido hijo, querido hermano», queriendo señalar aquellas dinámicas que nos atan al pasado, que nos petrifican.

La tarea terapéutica y las constelaciones nos animan, justamente, a revisar los apegos al pasado, allí donde la vida quedó petrificada, para encontrar la manera, la energía, el orden y el bálsamo para mirar hacia el presente y el futuro. ¿Dónde estamos plenamente vivos? En el presente. ¿Dónde viviremos el resto de nuestra vida? En el futuro.

Las trampas del pasado

Cuando Orfeo alcanza de nuevo la tierra de los vivos, su movimiento interior es el de un resentido. En consecuencia, hace votos que son contrarios a la vida: se retira a las montañas y rechaza a las ninfas que se ofrecen a él. Entonces, hace una promesa terrible: «Jamás amaré a otra mujer». Esta es una dinámica muy común en muchos sistemas familiares: cuántas veces no habré trabajado con personas que perdieron a su pareja y que se situaron en un movimiento interior de no volver a amar a nadie de nuevo. Incluso en casos de separación o divorcio.

Orfeo era un hombre muy atractivo, y las mujeres suspiraban por su amor y por escuchar su cautivadora música. Sin embargo, él se entretenía con jovencitos. No se trata de que Orfeo cambie de orientación sexual, pues todos somos libres de gustar de quien queramos; la cuestión es que, al morir Eurídice, las mujeres dejan de existir para él, como en un ritual desdeñoso de lealtad a su desaparecida esposa.

Si Nietzsche es el filósofo y el apóstol de la apertura a la vida, el discípulo de Dionisos y de la celebración de la existencia, Orfeo se presenta más bien apolíneo y tal vez un poco arrogante: al mirar atrás, se petrifica. Y no solo muere en vida, sino que además experimenta un trágico final: las ménades, servidoras de Dionisos, sintiéndose despreciadas por él, acaban despedazándolo. Muere desgarrado por los dientes de las mujeres, consumido como venganza por su rechazo.

Orfeo hace pivotar su vida alrededor de un duelo no resuelto en vez de darse cuenta del privilegio de haber amado tan profundamente. Una vez, hace muchos años, trabajé con un hombre que había perdido a su mujer cinco años atrás y se culpaba por el hecho de empezar a orientarse amorosamente hacia otra mujer. En una especie de lealtad a la fallecida, no se permitía ser feliz de nuevo con otra. Lo maravilloso de la constelación es que la mujer que representaba a la esposa fallecida miraba al hombre con el deseo de que fuese hacia otra mujer y viviera feliz.

La novela *El puente de San Luis Rey*, del novelista y genial dramaturgo Thornton Wilder, cierra con el siguiente párrafo: «Hay una tierra de los vivos y una tierra de los muertos, y el único puente que sobrevive es el amor». La clave radica en que este amor persistente nos dirija hacia la vida, no hacia la muerte. Cuántas veces he visto cómo los vivos se sienten movidos y atraídos hacia los muertos y cómo los muertos no necesitan este movimiento y lo rehúyen. Cuántas veces he visto, por ejemplo, a mujeres y hombres que vivieron abortos, ya sean provocados o espontáneos, y que sienten la inclinación culposa de acercarse a la muerte con el ser abortado. Pero la criatura abortada no gana nada con que la mujer o el hombre se penalicen o se enfermen. Está de acuerdo con su destino y solo anhela reconocimiento y amor, no sacrificio y desdicha.

A través de la historia de Orfeo, vislumbramos cuestiones altamente relevantes para el trabajo terapéutico y las constelaciones familiares. Podemos comprender, por ejemplo, cuánta de nuestra energía no está disponible para lo que hay *aquí* porque sigue enfocada en lo que pasó *allá*. ¿Cuántas cosas todavía necesitamos cerrar, aclarar, poner en paz, amar o integrar en nuestra historia para que no controlen nuestras vidas? ¿Hasta qué punto nos mantenemos fieles a aquellos hechos difíciles que nos tocó vivir alguna vez, a nuestras heridas y sus defensas?

Somos devorados cuando no entregamos al flujo de la vida nuestros talentos, nuestra savia, nuestros dones, nuestras bendiciones. Cuando quedamos atrapados en las redes de nuestras implicaciones. Por eso es tan importante la sintonía con los muertos: amarlos, respetarlos y, por último, dejarlos ir.

7

EL AMOR Y LOS VÍNCULOS

De la lealtad desdichada a la deslealtad dichosa

Por mucho amor que el padre recibiera
no se lo pagué, ya que de niño
no reconocía el valor del don,
y de hombre me hice igual que los hombres, y duro.
Ahora un hijo crece, tan bienamado
como ninguno que fuera la delicia de un corazón
[de padre,
y yo pago lo que en su tiempo recibí
con él, que no me lo dio —ni me devuelve.
Pues al hacerse hombre y pensar como los hombres,
él, al igual que yo, hará sus propios caminos;
nostálgico, pero sin envidia, lo veré,
dando al nieto aquello que a mí me corresponde.
Lejos en la sala de los tiempos mi mirada va,
contenida y serena, observando el juego de la vida:
la bola de oro cada cual, sonriente, pasa,
y ninguno la bola de oro devolvió.

Börries von Münchhausen, *La bola de oro*

Bert Hellinger solía decir que el amor significaba reconocer que, ante algo más grande, todos son iguales a mí. Lo mismo podría aplicarse ante la humildad y el perdón. Al pensar en estas palabras de Hellinger, me viene a la cabeza la *Oda a la alegría* de Schiller, musicalizada por Beethoven en la *Novena sinfonía*. Esta oda es un himno a la fraternidad: todos somos hijos del mismo padre bondadoso bajo la bóveda celeste. Somos una inmensa fratría.

Dice Schiller: «Todos los seres beben de la alegría, del seno abrasador de la naturaleza. Los buenos, como los malos, siguen su senda de rosas. Ella nos da besos y vino y un fiel amigo hasta la muerte». Júbilo, belleza, confianza, y un amigo fiel hasta la muerte... Schiller presenta la naturaleza como una dimensión de amor trascendente, de algo más grande que nos abarca, de un mismo padre amoroso que nos hermana, de un lugar donde todos somos iguales. El cántico esencial del ser humano podría ser: «Yo también soy tú, tú también eres yo, somos uno».

Los colores del amor

Thich Nhat Hanh, el célebre maestro del budismo, dijo en su famoso poema «Interser»:

> *Tú eres yo y yo soy tú.*
> *¿No es evidente que nosotros intersomos?*
> *Tú cultivas la flor en ti mismo*
> *para que así yo sea hermoso.*
> *Yo transformo los desperdicios que hay en mí*
> *para que así no tengas que sufrir.*

Este poema fue escrito durante un retiro para buscadores y terapeutas, en respuesta a lo que se ha dado en llamar la *Oración gestáltica* de Fritz Perls, el creador de la terapia Gestalt, que dice:

Yo soy yo.
Tú eres tú.

En estas breves palabras, Fritz enfatiza las saludables diferencias y fronteras entre seres humanos. «Si por casualidad nos encontramos, es maravilloso. Si no, no hay nada que hacer», dice más adelante. Creo que este planteamiento es muy importante para la existencia, pues pone el acento en la diferencia, la distinción, la individuación y la responsabilidad personal. De manera diferente, aunque complementaria, Thich Nhat Hanh dice «yo soy tú y tú eres yo», recordándonos que somos uno y el mismo, interdependientes, unidos por el mismo canto y el mismo mantra, que habita el centro de todo corazón.

Walt Whitman, en *Canto a mí mismo*, decía: «Yo me celebro y yo me canto y todo cuanto es mío también es tuyo, porque no hay un átomo de mi cuerpo que no te pertenezca». Whitman, como Schiller, se embriaga de naturaleza y de un amor más grande, que supera el personal, que no procede de nuestras identificaciones, deseos y temores, que casi roza con lo divino.

En el universo personal y pasional, hay muchas manifestaciones del amor. Existe desde el amor *eros* (deseo, romance), *ágape* (compasión y ternura), *filia* (respeto y amistad), *storgé* (compromiso), *ludus* (ligereza y humor) o *pragma* (conveniencia). Más allá de las distintas formas de amor, quiero destacar la importancia del amor sin más, del amor como vínculo. Los otros seres nos conciernen con independencia de nuestros sentimientos. Tal vez experimentemos sentimientos de indiferencia o de odio hacia ellos, o tal vez deseemos cortar por lo sano con una relación en el plano de la realidad, o ponerle límites estrictos, pero todo ello no deja de remitirnos a una realidad de fondo: estamos vinculados incluso con las personas de las que deseamos alejarnos.

Algunos vínculos trascienden nuestra libertad de elección. Pensemos en nuestros hermanos o padres, o en personas con las que estamos conectados fortuitamente. O pensemos en alguien que sobrevive a una tragedia y que, movido por la fidelidad a los que no sobrevivieron, cae en una depresión y en un movimiento interior de seguir a las víctimas, en lugar de celebrar su supervivencia.

Nuestra capacidad de elección no es tan grande como nos gusta creer. El amor-vínculo significa que existe un movimiento que nos conecta a través del azaroso pegamento de la existencia. Este tipo de amor se experimenta como una resonancia inevitable con el otro, incluso cuando no lo percibamos conscientemente. Podemos explorar, por ejemplo, la ligazón con nuestros abuelos, aunque ni siquiera los hayamos conocido en vida, o con nuestro padre, aunque su mera función consistiera en depositar una semilla y desaparecer, o con el primer marido de nuestra madre, del que se separó, haciendo espacio para que llegara nuestro padre, o con nuestra pareja anterior, a pesar de habernos separado hace mucho, etcétera.

Asumir nuestros vínculos con personas a las que ni siquiera hemos elegido nos ayuda a vivir con más sentido y ligereza, aunque nos cueste comprender la naturaleza de este tipo de lazos. Asociamos el amor con un sentimiento, sin reconocer que la propia conexión o vinculación es un hecho amoroso en sí mismo. La vida, excéntrica o razonable, azarosa o quizá ordenada, con propósitos o sin ellos, tira sus cartas y nos lanza al amor-vínculo a través de poderosas fuerzas como la sexualidad y la muerte, que no podemos eludir.

El paisaje de nuestros vínculos está gobernado por nuestras pasiones, con su polaridad elemental de filias y fobias, de amores y odios, pero ninguno de ellos puede borrar la conexión. Entender la superación de esta realidad pasional a través del amor espiritual del que hablaba Bert Hellinger amansa y engrandece nuestro corazón.

Buena y mala conciencia

Culpa e inocencia son las dos vibraciones de nuestro diapasón moral interior: al experimentar buena conciencia nos sentimos inocentes; al experimentar mala conciencia, culpables. Pero ¿ante quién nos sentimos culpables? ¿Quiénes dictan las reglas de nuestra conciencia? La respuesta es muy sencilla: ante nuestros grupos de apego y de referencia; esos guían nuestro obrar. La culpa también nos puede invadir cuando nos sentimos en deuda en el intercambio entre dar y tomar; por ejemplo, cuando hemos tomado más de lo debido o nos han dado más de lo que éramos capaces de recibir.

Es importante diferenciar entre la conciencia como atención, o como *darse cuenta*, según la terminología gestaltista, y la conciencia moral, que tiene que ver con las reglas de comportamiento e intercambio o con normas que construyen y afectan a nuestra identidad. Son dos conceptos completamente diferentes. Aquí hablamos de la segunda. La forma moral de la conciencia puede ser tanto una conciencia personal, ya sea consciente o inconsciente (a veces, ni siquiera sabemos de nuestras motivaciones internas y de dónde vienen), como una conciencia colectiva, habitualmente inconsciente y totalmente ciega, que se ocupa de equilibrar deudas entre sistemas, representar excluidos o penalizar transgresiones en las jerarquías del alma familiar.

Hellinger descubrió, casi como una revelación, que existen leyes de la conciencia que sirven al propósito de hacernos sentir parte de un grupo, o justos en la balanza del dar y recibir. Montaigne decía algo parecido al señalar que las leyes de la conciencia tienen que ver con las costumbres y lo que se aprueba y admite alrededor, ya sea por el grupo familiar o por la presión social: casi nadie sale desnudo a la calle, por ejemplo, ni ejecuta comportamientos fuera de lo que está bien visto socialmente.

Por tanto, existe una conciencia consciente de pertenencia que nos ata: si nos permitimos determinadas acciones o percepciones que vayan en contra de los intereses y reglas de clan, arriesgamos la pertenencia y nos sentimos culpables o avergonzados. No hay una moral intrínseca divina, sino morales pertinentes a los grupos. Podríamos decir que las creencias y reglas del clan familiar nos guían de manera que las sentimos como una influencia imperiosa y natural. En una familia mafiosa, corresponde matar y castigar al traidor, lo cual se realizará con buena conciencia e incluso con un sentimiento de inocencia.

Para la mayoría, en cambio, quitar la vida a otra persona supone una brutal mala conciencia. No obstante, si ocurre dentro de una guerra trazada por la patria de pertenencia, es posible que la persona sienta buena conciencia. Buena o mala conciencia son, por tanto, contingentes: es tan crucial el apego que se sacrifica incluso lo que nos haría felices, maduros y más auténticos. Para caminar hacia la felicidad propia, a menudo debemos asumir la culpa y la mala conciencia, pues siendo fieles a las normas morales de nuestro clan somos fieles a la infelicidad del mismo: no nos sentimos con derecho a ser felices porque las personas de nuestro grupo de pertenencia no lo son o no lo fueron.

La gente considera que la conciencia, la «buena conciencia», es la más alta autoridad, e incluso algunos confunden la voz de la conciencia con la voz de Dios. Se sigue ciegamente la voz de la conciencia porque nuestra supervivencia está relacionada con la obediencia a esa voz. Hellinger dejó claro que esta forma de conciencia determina que experimentemos como culpa lo que viola las reglas del sistema familiar, y como inocencia lo que las respeta y asegura. Pero conceptos como «bueno» y «malo» no existen por sí mismos como verdades éticas. Esto significa que, si uno es palestino, puede odiar con buena conciencia a los judíos, y viceversa. De este modo, unos y otros se sentirán inocentes y pertenecientes, incluso «buenos», aunque tales actitudes estén muy lejos de abrirse a una conciencia profunda.

Desde esas posiciones morales, solemos actuar sin amor hacia los demás, con justificaciones duales, polarizadas y maniqueas del tipo «esto es bueno y esto es malo», «es mi deber actuar», «estoy en mi derecho». Usamos tales afirmaciones para hacer daño, para negar al otro su humanidad, para negar su libertad, incluso su derecho a la vida. También nos hacemos daño a nosotros mismos, deshumanizándonos, aupando al grupo por encima de la singularidad y la individualidad. La primera idiosincrasia que violentamos con el gregarismo moral es la nuestra.

Además, solemos pensar que nuestras normas morales, nuestra conciencia, con su «bondad» y su «maldad», son un rasero para medir a todo el mundo. Lo cierto es que esas normas morales suelen diferir enormemente de una familia a otra, de un grupo a otro. Los conflictos morales están a la orden del día cuando dos personas de dos familias diferentes se encuentran en la pareja y tratan de que el otro entienda lo que es «bueno» y lo que es «malo», según el orden moral de su familia de origen.

En las familias, la conciencia moral presenta unas normas claras: el que contradice las normas de la conciencia del clan queda excluido. En algunas situaciones, esto puede llegar a extremos como el «asesinato de honor», que generalmente afecta a mujeres. Son casos donde la exclusión no se considera un castigo suficiente por «deshonrar» lo que el clan considera que es «bueno». A veces, esa misma conciencia impele a una mujer a entregar a su hijo en adopción o a abortar. En todos estos casos actúa la ley de la expiación, en que la gente se castiga tratando de escapar de su mala conciencia.

«Lo realmente bueno es algo que se halla más allá de la conciencia», decía Hellinger. «Y para hacer lo realmente bueno se necesita la valentía de ir más allá de la conciencia y seguir el espíritu que supera la estrechez de la misma y no traza diferencias. Lo realmente bueno significa que sirva a muchos y que también reconozca como válidas las diferencias de otros grupos y otros sistemas, o de otras religiones.» Hellinger hablaba también de una conciencia superior al servicio de la vida que nos lleva a trascender nuestros juicios morales o prejuicios. Esta instancia superior actúa cuando estamos en sintonía con algo más grande. «A veces —escribió— experimentamos el actuar de esta instancia en una constelación, cuando de repente todos los participantes están en paz, como en concordancia con algo más grande.» Esta conciencia es una fuerza que nos impulsa hacia la plenitud y hacia la paz, ya que nos lleva a abandonar los juicios y a entender que todo es perfecto tal y como es. De modo que, mientras la conciencia moral nos impele a la repetición de lo ya conocido, la Gran Alma nos impulsa hacia la conciencia superior y hacia una superación de los límites impuestos por nuestra familia, el grupo de pertenencia, la patria o el equipo de fútbol.

Algunas personas sufren porque en su interior pelean conciencias dispares y contradictorias, a las que quieren atender a la vez. Por ejemplo: una conciencia para la madre o la familia de la madre en la que se promulga que hay que ser rico e ingeniero, y otra para el padre o la familia del padre, en la que prevalece ser pobre y artista. O una conciencia para mi familia de derechas y otra para mi familia de izquierdas. Cuando esto sucede, hacemos mil malabarismos tratando de complacer a todo el mundo, hasta el día en que una conciencia superior y espiritual nos unifique, libere y expanda.

Un gran desafío consiste en superar las conciencias de pertenencia que comportan sentimientos de culpa, que debemos observar sin rechazar, para así transitarlos y abrirnos al amor del espíritu, aquel que no hace diferencias y ama a todos y a todo por igual. En el amor del espíritu crecemos, estamos en casa y sosegados. La intranquilidad interior nos indica que estamos siendo sordos a las voces de esa intuición mayor.

La deslealtad dichosa

Podemos comenzar a cuestionar las dinámicas y los relatos familiares cuando identificamos de qué manera o hasta qué punto les somos fieles. Esto tiene un efecto colateral: dejar de comportarnos como niños ciegos ante los introyectos (obligaciones e ideas introyectadas de nuestros padres o de nuestra cultura familiar), los mandatos y las ataduras que hemos recibido. En constelaciones familiares, suele hablarse de *fidelidad familiar* con buena conciencia. Sabemos que esta fidelidad causa mucho dolor, pues a menudo se expresa en la repetición de destinos desdichados, aunque sea con un sentimiento interior de inocencia. Por tanto, me parece que es mejor la deslealtad dichosa que la lealtad infeliz, y que hay que ser muy valientes para alejarse internamente de los destinos, planes y mochilas del clan para labrarse una vida propia.

Si la lealtad a los mandatos familiares nos lleva a la infelicidad, tal vez no sea tan interesante ser fieles a ellos. Por poner un ejemplo: si me mantengo fiel a la desdicha de mi padre y no me permito ser más feliz de lo que él lo fue, tal vez porque le fue mal en los negocios, o en el amor, entonces quizá a mí también me vaya mal con el dinero o con la pareja. Pero ¿qué beneficio tiene una fidelidad que me lleva a la desdicha?

En constelaciones, esta forma de fidelidad se conoce como *amor ciego*. Ciegamente, intento ser como papá o como mamá; ciegamente, me sacrifico por ellos; ciegamente, sigo el mismo destino que mis anteriores, por una fidelidad mal entendida, en un intento vano por cargar con el sufrimiento de otros. Es muy difícil y requiere de mucha valentía dejar atrás esa lealtad ciega y practicar un egoísmo sano. La palabra *deslealtad* no le gusta a nadie, pero estoy seguro de que si uno que es leal al sufrimiento de los padres pudiera escuchar la voz profunda del corazón de quienes lo trajeron al mundo, oiría algo como: «No es necesario que nos seas leal; sé desleal, sigue tu propio camino, sé feliz, realízate. Este es nuestro mayor deseo».

En los casos de adicciones o toxicomanías, también es posible ver una dinámica de lealtad o de solidaridad en la desdicha de un pariente. «Como a ti no te va bien, querido hermano, yo tampoco me permito que me vaya bien y me destruyo contigo», o a la inversa, «para compensar tu problemática, me convierto en un salvador». En casos de hermanos con discapacidades, infortunios o hándicaps significativos, las dinámicas pueden tomar formas del tipo: «Como tú has tenido un hándicap, entonces yo también me limito, para estar más cerca de ti». Pero este amor ciego no sirve para transformar nuestros tormentos al lenguaje de la vida, que es el verdadero reto para crecer como seres humanos.

Respecto a los hijos, ocurre lo mismo. ¿Cuántas madres o padres no han querido seguir a sus hijos hacia la muerte? La principal consigna del amor ciego parece ser: «Te sigo a tu desgracia». En cambio, un amor consciente, real, sanador consiste en entender y respetar el hecho de que la vida de los hijos no está completamente en las manos de los padres. Conviene aceptar y asentir a la vida de los hijos tal como es.

Los padres pueden trabajar en sí mismos; esta es la base para que sus hijos estén mejor: ocuparnos de estar bien para que nuestros hijos estén bien y no incurran en el amor ciego. Además, uno de los mejores regalos que podemos hacerles a nuestros hijos es amar la presencia, en ellos, del otro progenitor, aunque ya no estemos en pareja o las cosas no hayan ido bien en el matrimonio. Cuando nos ocupamos de sanar o de ordenar nuestro universo familiar, nuestros hijos podrán ser un poco más libres.

El sacrificio inútil

El amor ciego es simple de explicar: se caracteriza porque no consigue ver con claridad al otro ni respetar su realidad, sus dones propios y su propio sufrimiento. Ver al otro significa un reconocimiento de la diferencia y, por tanto, de los límites entre mi camino y el tuyo, entre mi vida y la tuya, entre mis dones y los tuyos, entre mis cargas y las tuyas. En un nivel, yo soy tú, y tú eres yo, y somos uno; en otro nivel, cada cual sostiene su propia vida con sus particularidades.

El respeto a la realidad, del que hemos venido hablando a lo largo del libro, es un gran antídoto, puesto que produce efectos muy beneficiosos en las familias, en la salud y en las relaciones. Su reverso, el amor ciego, genera dinámicas en las que se duplica el sufrimiento. Tales dinámicas simulan la estructura de la tragedia: un individuo toma un rol de héroe, convencido de su responsabilidad de salvar a alguien o evitar alguna catástrofe, sus acciones cosechan una calamidad mayor, y empujan a otros héroes venideros a reproducir sus mismos errores.

Pondré el ejemplo de un hijo que no podía reconocer y respetar el sufrimiento de su madre. Ella no quería vivir. Estaba atravesando una depresión por el suicidio de su padre, un hombre que durante años trató de lidiar en vano con graves abusos sufridos durante su infancia. El hijo, empujado por el amor ciego, se involucró con el destino de su madre de tal manera que acabó pagando un alto precio, pues quedó afectada su salud corporal y psíquica.

El amor ciego es, por lo tanto, también un amor mágico y sacrificial, que pretende un beneficio que no logra, pero no por ello desiste de tratar de lograrlo. Como expliqué en el capítulo cinco, este tipo de amor goza de un gran prestigio en nuestra cultura, infectada por la idea judeocristiana del sacrificio. Como sociedad, navegamos por las aguas del calvario y la ordalía, sintiéndonos culpables de estar bien.

La idea tan simple de que mediante el sacrificio pueden obtenerse beneficios es muy extraña, pero a la vez está muy arraigada en nosotros. Y en las familias campa protegida por la inconsciencia. Existen sacrificios útiles, como el de una madre o un padre que se levanta a las cuatro de la madrugada porque su bebé necesita alimento. O el de alguien que se lanza a la piscina porque otro pide auxilio y necesita ser rescatado. Hay que diferenciarlos de los sacrificios inútiles, que generalmente están imbuidos de la idea de amor ciego.

El sacrificio inútil, así como la repetición de destinos desdichados, se caracteriza por ideas como «yo enfermo para que tú sanes, mamá», «yo llevo la culpa por ti, abuelo» o «me enojo con los hombres en tu nombre, abuela, por lo que te pasó con el abuelo, por los abusos que sufriste». O, en términos más personales, por formas como «me desarrollo como exitoso en un trabajo que no me interesa para complacer lo que imagino que esperas de mí», o «suprimo mi ira porque veo cuánto la temes, papá».

El amor ciego suele estar instalado en la mente sistémica o alma familiar de manera muy inconsciente. De este modo, este tipo de amor adopta la forma de algo profundamente críptico, pero al mismo tiempo, dirige y domina nuestro cuerpo, nuestro guion de vida y nuestro destino. Somos como Edipo, el desdichado héroe que para solventar una tragedia edificó otra: la suya propia.

El amor esclarecido

Según el mito, Edipo se sacó los ojos al comprender que había matado a su verdadero padre, Layo, y desposado a su madre, Yocasta. Esta automutilación es, evidentemente, una forma de expiar sus culpas: parricidio e incesto. No obstante, Edipo podría haber alegado ignorancia ante sí mismo por no saber que Layo y Yocasta eran sus padres verdaderos. Con el autocastigo, insiste en persistir en la inconsciencia simbolizada por la ceguera.

Edipo es ese niño-héroe cuya tragedia personal se enmarca en una tragedia familiar mucho más amplia. En la mitología griega, las relaciones incestuosas eran frecuentes, de modo que al público no debía de causarle demasiado estupor que Edipo se acostara con su madre. Lo que no debían perdonarle era que no se diera cuenta de su error hasta el final de la obra, su inconsciencia, su ceguera.

Por suerte, como contrapartida al amor ciego, contamos con el *amor esclarecido*: el amor lúcido o el buen amor que conlleva bienestar y que se vive con ojos abiertos. Este amor respeta las cosas tal como son, y de esta manera gana fuerza para afrontarlas. Es un amor que puede ver, reconocer y respetar la realidad del otro: su muerte, su destino, su pena, su culpa o su enfermedad. En el amor esclarecido, un hijo, un padre, una madre pueden realizar un movimiento amoroso hacia un ser querido diciendo: «Aunque me duele mucho lo que estás viviendo, lo respeto porque es lo que te toca vivir, te acompaño de la mejor manera y no voy a caer en el error de procurarme sufrimiento para solidarizarme con el tuyo, o para tratar de burlar al destino sufriendo en tu lugar. Yo respeto tu sufrimiento, y también respeto mi bienestar».

Las dinámicas de expiación que realzan el valor del apego, a menudo teñidas de relaciones mercantiles con Dios en las que se pretende sufrir como pago para que otro no sufra, me recuerdan no solo a la historia de Edipo, sino también a una película de Lars von Trier, *Rompiendo las olas*. La protagonista de esta historia de sacrificio es Bess, una chica con una particular relación con Dios, hecha de diálogos imaginarios. Bess está enamorada de Jan, que trabaja en una plataforma petrolífera. Él tiene un accidente y queda inválido, y ella se entrega a grandes sacrificios, e incluso se expone a ser violada y a morir por su pareja, creyendo que lo va a salvar mediante su inmolación.

Quizá el peor ejemplo de sacrificio inútil, como un lastre cultural con una gran afectación para las familias, sea el de la crucifixión de Jesucristo, pues se nos cuenta que se inmoló con la idea de redimir y salvar a la humanidad. Una lectura distinta de este hecho consiste en pensar que Jesús sacrificó su ego y murió a sí mismo para renacer a la vida del espíritu, señalando así los pasos cruciales del viaje espiritual, con su dialéctica constante de muertes y renacimientos. Sea como sea, a veces, al tratar de salvar a otros, extrañamente, nos aniquilamos a nosotros mismos.

Hace poco escuché el relato de una madre que contaba que su hijo alcohólico había sido hospitalizado tras tener un accidente mientras conducía borracho. Al parecer, este joven expresaba mediante estas actividades de riesgo el dolor de los abusos sexuales que había sufrido a manos de su padre y que no había podido contar hasta llegar a la edad adulta. Por amor ciego hacia el padre, el hijo se culpaba a sí mismo y, en consecuencia, se destruía como castigo. Si este joven pudiera adentrarse en el profundo dolor del abuso y expresarlo junto con la sensación de culpa y el autodesprecio, si pudiera recordar en cuerpo y alma que es inocente, si pudiera trabajar en lo traumático hasta disolverlo y devolverle la culpa al padre, entonces, tomado por el amor lúcido de la cruda realidad y del profundo amor a sí mismo, regresaría con fuerza a un yo constructivo.

Buda emprendió la senda del amor esclarecido cuando, en lugar de seguir a la muerte a su madre, fallecida cinco días después de darlo a luz, decidió hacer algo valioso con su vida e inventar el budismo. Cierto es que repitió el destino de sus anteriores al abandonar a sus hijos para buscarse a sí mismo. En cierto sentido, fue un «yo lo hago como tú, mamá», pero, por otra parte, realizó algo muy grande que ha beneficiado a mucha gente. Y lo hizo en memoria de su madre, en honor a la vida que esta le dio.

Cómo actúa el sacrificio

Vino hace un tiempo a consultarme una mujer cuya madre había perdido a sus padres en un accidente cuando era niña. De la crianza de esta madre se habían ocupado distintos parientes, salvo algunos periodos que pasó en hospicios. Ni que decir tiene que esta pérdida tuvo consecuencias muy profundas en ella. Ya adulta, la madre se casó y nació la mujer que vino a consultarme. Juntos descubrimos que, debido a su traumática experiencia no resuelta, la madre había perdido la capacidad energética adecuada para ejercer el maternaje y tomar plenamente su lugar con su nueva hija. Había un proceso orgánico y corporal que se lo estaba impidiendo. Las cosas no dependen solo de nuestra voluntad. Si así fuera, todos estaríamos extraordinariamente bien.

La hija creció condicionada por el sentimiento de que algo no estaba en su lugar, de que la madre no fluía, que estaba atascada, atrapada en el pasado. Entonces, la hija se dijo: «Por amor a ti, yo me hago grande y responsable para que tú no tengas que dedicarme tanta atención. Yo me sacrifico tratando de hacerme mayor porque la realidad energética es que no estás disponible». Y era cierto: la madre no estaba disponible, ya que su movimiento amoroso más profundo se dirigía hacia los padres perdidos y hacia la añoranza de ellos que todavía albergaba su cuerpo. La constelación reflejó claramente el movimiento de la madre hacia esos seres paternos con quienes había experimentado un cierto paraíso original en sus primerísimos años de vida. A partir de esta situación, la hija, mi consultante, se sacrificó por la madre a través de un amor ciego. Al experimentar la falta de amor de su madre, su indisponibilidad, en cierto modo, tomó el lugar de su madre y se convirtió en su propia madre.

Afortunadamente, muchos niños que son heridos por la vida son capaces de desarrollar diferentes tipos de defensas, y los mecanismos de defensa son los que a la postre nos permiten sobrevivir a situaciones de sufrimiento muy profundo. La defensa de mi consultante consistió en decirse «yo soy más grande que tú, mamá», «yo soy más competente», «yo dirijo las cosas y los nexos emocionales en esta familia». Ante la falta de amor, se construyen defensas, pues todos necesitamos sobrevivir al desamor, y el carácter o personalidad nos ayudó en ese proceso de supervivencia.

Todos somos príncipes y princesas

El carácter, por tanto, se forja a través del amor ciego y para defenderse de la falta de amor o de amparo en la infancia. El carácter, la máscara, o también la neurosis, es una defensa ante el desamor recibido de niños, una forma de adaptarnos a la realidad. Alguien con un carácter histriónico, por ejemplo, puede que se esfuerce en tratar de seducir a otros con la promesa de que va a colmar la sed de amor que padecen; de este modo, posterga también sus propias necesidades afectivas, convenciéndose de que los necesitados son los otros. Su fijación es la falsa abundancia.

Por otra parte, en un carácter adicto al sufrimiento y la comparación, donde la fijación es la falsa carencia, habrá una tendencia a seguir destinos trágicos, a lo oscuro, al amor sacrificial, que también brota de un núcleo de desamor con los padres. Ahora bien, ¿son por ello responsables nuestros padres de nuestro destino? Evidentemente, no lo son.

Cuando empecé a trabajar en el mundo de las terapias hace más de treinta años, estaba muy de moda echarles la culpa de todo a los padres. Todavía hoy, algunas ideas culpan al sistema familiar de los males de un consultante. Adjudicar las culpas a otros puede tener buenos efectos, ya que mientras otros tengan la culpa, uno siente alivio y no necesita hacerse cargo de sí mismo. Pero estos efectos son efímeros. Si deseamos trabajar seriamente en nosotros mismos, no podemos seguir perpetuando la actitud infantil de señalar con el dedo y exclamar: «¡Mirad cuántas cosas malas me hicisteis! ¡Mirad, malditos, cuántos fantasmas me tengo que sacudir ahora en terapia!». En realidad, los anteriores aman a los posteriores de la manera en que les resulta posible, y tratan de hacer lo mejor para ellos, aunque a veces no sepan cómo ni logren los mejores resultados.

Eric Berne decía que «todos somos príncipes y princesas hasta que los padres nos convierten en ranas». Por mi parte, creo que el paradigma que subyace a las constelaciones familiares ayuda a salir de esas dinámicas hereditarias potencialmente catastróficas. El sufrimiento no solo es el resultado del escaso o mal amor de los anteriores, sino también del amor ciego del hijo, que se implica con los hechos que se encuentra en el sistema.

Si de mí dependiera, haría que las personas aprendieran los códigos del amor que da frutos para distinguirlos del amor que sella su floración. Inventaría una educación popular en los asuntos amorosos, basada en el principio de que no hay ni buenos ni malos, ni nosotros ni ellos, ni culpables ni inocentes. Este pensamiento lineal y dicotómico es contrario al pensamiento circular de las constelaciones, que nos hace cocreadores y copartícipes de todo lo que vivimos y, por tanto, menos adictos a culpar o a culparnos, y más responsables. De lo que se trata, en el fondo, es de tener capacidad de acción y de respuesta ante lo que nos pasa y ante el sufrimiento, y de entender que todos vivimos dirigidos por los movimientos profundos de nuestro corazón.

Cuando un superviviente de un campo de concentración se niega a contar lo que vivió, lo hace por dos razones. La primera, porque a veces la vivencia del trauma es tan brutal que se le cierra la garganta y no encuentra la manera de hablar de ello. El trauma se le ha adherido al cuerpo de tal manera que no es posible la expresión. La segunda, porque a veces también existe la idea consciente de ahorrar a los hijos y a los descendientes la visión de la brutalidad y de lo terrible de la crueldad humana. Así, un padre superviviente con muy buenas intenciones puede tratar de proteger a sus posteriores en un gesto de amor, sin darse cuenta de que los posteriores perciben los fantasmas de los anteriores, las circunstancias y dolores no resueltos. Más tarde, en un nuevo acto de amor ciego, puede que sus descendientes sientan cierto deseo de morir para reunirse con las víctimas, con aquellos que no han sido honrados, considerados o reconocidos por el sistema familiar. También puede darse el hecho de que los hijos de los hijos de este padre ejerzan una violencia que no deja de ser una identificación con los violentos, a los que el sistema tampoco ha reconocido. Es paradójico y polémico, pero lo veo muy a menudo en el trabajo de constelaciones. Lo ilustraré con un ejemplo.

Hace muchos años, vino un hombre a trabajar conmigo y le pregunté, como siempre hago, cuál era el problema. Me dijo: «Tengo una gran violencia interior». Me gustó mucho que fuera tan sincero y congruente, porque su violencia era obvia y visible: tenía una gran agresividad en su cuerpo, una actitud muy furiosa, un ademán furibundo. En constelaciones, no preguntamos cómo son las personas en sus familias, sino qué hechos importantes han sucedido en el sistema familiar. Este hombre me contó que su abuelo había sido fusilado en la guerra. Hicimos una constelación y pusimos al abuelo, al hombre que lo había fusilado y a un representante para el consultante. El representante del consultante en ningún momento miró al abuelo: solo miraba al asesino. Levantaba el brazo apretando el puño, y caminaba hacia el asesino como diciéndole: «Te voy a matar». Sin darse cuenta, con este gesto de querer matar al asesino, en realidad estaba diciendo: «Yo soy como tú, yo tomo la energía perpetradora que viene de ti». Por eso decimos que aquellos que han sido excluidos, a veces legítimamente, deben ser reintegrados en la ecuación, para evitar que se reproduzcan o se reiteren sus acciones en el sistema. A continuación propuse que añadiéramos a la constelación, de modo experimental, a un supuesto nieto del asesino. ¿Y qué hizo este nuevo personaje? Se acercó al abuelo asesinado y se tumbó a su lado.

Así que, en la familia del asesino, el nieto estaba identificado con la víctima, y en la familia del abuelo asesinado, el nieto estaba identificado con el asesino. Una situación terrible, que remite al pasado y no al futuro.

Un sutil órgano de justicia interpersonal

Llegados a este punto, ya sabemos que la unidad básica de la vida son los vínculos, y que su alimento es el intercambio entre el dar y el tomar. Si no damos y recibimos, si no miramos y somos mirados, si no abrazamos y somos abrazados, si no decimos y escuchamos, no vivimos. En otras palabras: sin intercambio no hay vida.

Bert Hellinger explicaba que el intercambio está regido por un sutil órgano interior de justicia interpersonal (entre personas) e intersistémica (entre sistemas). Esta última es la responsable de que un sistema funcione como un todo y que experimente deudas o derechos: por eso unos pagan y otros cobran, aunque personalmente no sean deudores ni acreedores.

Justicia significa: «Te doy algo y respondes dándome algo, de manera que la balanza se equilibra, y vuelve a desequilibrarse y, de nuevo, se equilibra con el siguiente intercambio». En la pareja, se produce un constante intercambio positivo que, si las cosas van bien, irá creciendo: el amor aumenta conforme aumenta este intercambio. Tú me das algo bueno, y entonces yo siento un pellizco de deuda y te devuelvo algo bueno, y entonces, el pellizco lo sientes tú y me das un poco más. Así crece el amor y el vínculo. También en aquellas cosas que percibimos como negativas emerge como respuesta la idea de justicia. Se ve claramente en los niños: cuando la madre o el padre regañan injustamente, el niño inmediatamente se queja. Necesitamos compensar, equilibrar.

También existen reglas de compensación entre sistemas. Me refiero aquí a la justicia intersistémica. No tenemos únicamente una identidad personal, sino que estamos participados por una identidad colectiva: pertenecemos a un sistema, a un grupo. Estamos inmersos en núcleos tribales, el más importante de los cuales es el familiar.

Pongamos como ejemplo la familia de unos millonarios en la que ha habido muchas muertes, suicidios o accidentes. ¿Es posible que esta familia se haya enriquecido a costa de que algunas personas padecieran mucho o incluso murieran? ¿Cuántos empresarios han construido grandes fortunas a expensas de la muerte de otros, con poca consideración hacia ellos o sus familias? «Detrás de toda gran fortuna se esconde un crimen», escribió Balzac. No iré tan lejos, pero ¿podría ser que, con el tiempo, algunos descendientes de esta familia busquen compensar sus culpas, descuidos o despropósitos, las injustas muertes de esas personas o sus pesares, expiándolos con su propio sacrificio o su propia muerte?

Los vínculos más fuertes

Los dos vínculos más fuertes y estrechos que existen en el alma son, en primer lugar, el de los hijos hacia sus padres. Los hijos reciben de sus progenitores la vida, el don más preciado, y durante la infancia se vinculan con ellos poderosamente, dado que son dependientes y están necesitados de cuidados. Entre padres e hijos se establece un intercambio absolutamente desequilibrado: un hijo ha recibido la vida a cambio de nada, es gratis. Y luego, un hijo es enormemente cuidado a cambio de nada, también. Al crecer, el hijo buscará el equilibro cuidando bien de su vida y haciendo algo bueno con ella, o cuidando bien de sus propios hijos, traspasando «la bola de oro».

Un segundo vínculo extremadamente poderoso es el que se establece entre asesinos y víctimas, o entre víctimas y victimarios. En el primer tipo de vínculo, entre hijos y padres, está presente la sexualidad que abre la puerta de la vida, y en el segundo, entre asesinos y víctimas, está presente la muerte, que la cierra. En un asesinato o muerte violenta, hay alguien que lo toma todo del otro a cambio de nada. El desequilibrio es terrible. Por eso hay personas que, después de matar a otra persona, no pueden continuar en la vida, y necesitan equilibrar el daño suicidándose. Eso ocurre cuando el asesino no está demasiado endurecido. Soy consciente de que es una idea extraña y que alguien que lea estas líneas puede pensar que soy un fabricante de delirios. Sin embargo, esta es mi experiencia, derivada de las personas que acuden a mis talleres.

En mi primera constelación con Hellinger, me tocó representar a un asesino que se había cobrado la vida de un familiar muy cercano del consultante, creo recordar que su abuelo. La víctima estaba tumbada en el suelo, mientras que yo, como representante del asesino, tenía una actitud emocional de implacabilidad, de dureza interior, de total desconexión con mi víctima. En ese momento, Hellinger me dijo: «¡Mírale! Y ahora empieza a respirar, y respira desde el vientre hasta la garganta». Entonces, amplifiqué el espacio respiratorio, lo que facilita la apertura emocional, y no sé cómo ocurrió, pero de pronto me sobrevino un llanto desgarrador. Caí de rodillas con mucho dolor, puse la cabeza en el pecho de mi víctima, me tumbé a su lado y sentí que en el alma éramos uno, y que estábamos profundamente vinculados. Es posible pensar que quien mata a otra persona queda, en cierto sentido, congelado, aunque esté vivo: ya no siente derecho a la vida. Hay una compensación en este intercambio: si yo he tomado tu vida, luego siento que mi vida no vale tanto.

Hellinger sostenía que las personas que han matado o dañado pueden ofrecer una compensación positiva en lugar de suicidarse o dañarse la vida de alguna manera. Es una idea hermosa: en lugar de autodestruirse, compensar.

Sujetarse con fuerza en la vida

Por supuesto, un crimen no solo impacta al asesino y a su víctima, sino a todos cuantos se hallan conectados con ambos. Hace unos años, me pidieron un artículo explicativo sobre constelaciones familiares para el suplemento cultural del periódico *La Vanguardia*. En el texto, hablé sobre uno de mis grupos terapéuticos en Madrid, al cual acudió una mujer que, sentada al fondo de la sala, se levantó y me dijo: «Tú eres mi última oportunidad». Cuando uno recibe un mensaje de este tipo, sabe que está eliminado del juego, que va a fracasar completamente como terapeuta. ¿Cómo puede alguien ser la última oportunidad para otro? Así que no le hice mucho caso, y ella levantaba vehementemente la mano una y otra vez para que la sacara a trabajar en su problema cuando ofrecía el espacio para ello.

Al final la saqué a trabajar. La hice esperar porque consideraba que tanta demanda la alejaba de sí misma, y yo quería que contactara más consigo misma y menos con sus grandes expectativas. Al sentarse a mi lado, me dijo: «Estoy muy deprimida». Yo le pregunté desde cuándo estaba tan deprimida, y me contestó: «Desde que sobreviví a los atentados de Atocha». Fue en el año 2004 y murieron muchas personas. Ella iba en los trenes y sobrevivió. Después de semejante tragedia, la lógica mental diría: «Hubo una desgracia y he sobrevivido, qué afortunada soy». Pero el cuerpo funciona con otras lógicas; en este caso, el cuerpo de la mujer estaba a merced del trauma.

En la constelación, pusimos a las víctimas del atentado y a una representante para la consultante, y esta representante actuaba llena de amor ciego. Un amor esclarecido habría dicho: «A vosotros os tocó morir y a mí me toca vivir, respeto vuestro destino de morir y el mío de vivir, bendecidme para que me quede en la vida». Pero ella, ciegamente, iba hacia las víctimas de un modo sacrificial, como diciendo: «¿Por qué a vosotros os tocó morir y a mí me tocó vivir? Yo soy una de vosotros. Así que este regalo de la vida que me ha sido concedido por segunda vez no lo puedo tomar». Toda la dinámica de su cuerpo era caer hacia la muerte.

Colocamos a representantes para los dos hijos de esta mujer, y estos inmediatamente comenzaron a cerrar los puños. Se mostraban llenos de rabia y furia hacia ella. Entonces, pregunté a la mujer: «¿Acaso tus hijos te golpean?». Y ella respondió: «Sí, encima me golpean», como diciendo: «Encima de que estoy deprimida, sufro su violencia». Como vemos, las dinámicas del amor ciego tienen muchas consecuencias. Le dije: «Lo que quieren decirte tus hijos con cada golpe es: "Por favor, mantente en la vida, por favor, despierta, por favor, sé grande, quédate con nosotros". Son intentos desesperados de sujetarte a la vida».

A veces, tendríamos que tratar de observar el trasfondo detrás de los problemas de los hijos, de los padres o de las personas en general. Preguntarse qué intentan lograr con su conducta, su sacrificio, en lugar de emitir un juicio baldío y fácil sobre «buenos» y «malos». El amor ciego genera malos resultados, pero no deja de ser una manifestación del amor. Una porción muy grande de la violencia ejercida por los hijos está relacionada con el hecho de que los padres no están claramente en el lugar de grandeza que les corresponde como padres. Muchas veces, los padres no se sujetan con fuerza en la vida. Y, en consecuencia, los hijos se desesperan.

El triángulo dramático

Cuando en la pareja, o en uno de sus dos miembros, surgen dificultades para sujetarse con fuerza en la vida, estas suelen manifestarse en forma de comportamientos autodestructivos como alcoholismo u otras adicciones, síntomas depresivos, agresivos, dejadez, conductas suicidas o actitudes similares, en ocasiones amortiguadas y de apariencia más normalizada.

Es difícil que una pareja sea funcional y feliz cuando hay problemas crónicos de falta de apego a la vida en uno o en los dos miembros de la misma. Fermenta la violencia con facilidad en ese campo de cultivo, y la alegría relacional y vital queda comprometida. Por eso es tan importante auscultar el latido del corazón de las motivaciones y estados internos de las personas. Al conocer la historia afectiva y familiar de cada individuo, lo que este experimenta y realiza adquiere un gran sentido, incluso cuando las elecciones son equivocadas o perjudiciales.

Al igual que los hijos que golpeaban a la madre en el caso anterior, también encontramos dinámicas de agresión en el interior de las parejas. Nunca ninguna violencia está justificada y nunca, absolutamente nunca, trae algo bueno. Sin embargo, sobre este punto tan sensible y polémico se tiende a moralizar en exceso, con escasos resultados. Quiero advertir que el tratamiento que la moral social le da al problema de la violencia en las parejas no solo me parece poco eficaz, vistas las estadísticas de agresiones y asesinatos, sino que creo que, en muchas ocasiones, solo es un modo de echar gasolina al fuego.

El tratamiento mediático de la violencia se basa en un universo ideológico polarizado entre buenos y malos, perpetradores y víctimas. Esta polarización es una de las peores ideas de la humanidad y no ayuda para nada a la salud de los vínculos y a una mejor convivencia. Como dice el psiquiatra Pablo Malo: «La moralidad es un peligro para la convivencia». Si tú no estás de acuerdo conmigo, inmediatamente te adjudico una etiqueta y pasas a ser un machista, un fascista, un comunista. La cuestión es que la moralidad se convierte en uno de los tentáculos a través de los cuales el patriarcado nos sujeta.

Cuando alguien se cree en posesión de la verdad, se bloquea todo diálogo. En el momento en que alguien se cree mejor que otra persona, se siembra la semilla de la violencia. Como consecuencia, también se bloquea la vida amorosa. Y esto es lo que logran los medios de comunicación con este tipo de discursos: propician lecturas superficiales y maniqueas que ignoran todo sobre la condición humana. La sociedad no suele comprender que bajo la superficie de cada tragedia hay lecturas sutiles que gobiernan las pasiones, y que los grandes asuntos existenciales y los hechos de la trama familiar y vincular influyen en los actos de algunas personas.

Es más fácil, o cuando menos más probable, cometer homicidio si en la familia de origen alguien ha matado anteriormente a otra persona. No digo que esto tenga que ocurrir, ni de lejos, pero es un tema presente en la atmósfera del sistema. Cada sistema tiene sus huellas, su memoria e improntas de su devenir, las cuales tienen una cierta potencialidad de ser repetidas. Es más fácil, o más probable, ser víctima o perpetrador de violencia en una pareja si en la familia de la víctima o del perpetrador hubo violencia de este tipo con anterioridad, considerando «anterioridad» como las tres o cuatro generaciones anteriores. Por eso es tan importante para la paz social que haya paz y bienestar en los vínculos y en las familias, procurando vivir en atmósferas de amparo y de armonía: esto impulsa buenos futuros.

En las parejas, también se puede observar a menudo lo que se ha popularizado como el triángulo dramático de Karpman, llamado así por Stephen Karpman, que lo describió en 1968. Este concepto plasma las posiciones, a veces alternantes, de perpetrador, víctima y salvador. En este tipo de triangulación, el que desempeña el rol de salvador no consigue ni con denodados esfuerzos «salvar» o sostener a la víctima que, impregnada de energía de muerte, sabe bien cómo ejercer su rol sufriente y caído. De este modo, el salvador siente impotencia, comienza a enojarse ante la falta de resultados y eventualmente acaba por ponerse agresivo, sintiéndose víctima de la víctima. Entonces, comienza a agredir a la víctima, quien, a su vez, intenta salvar al perpetrador de su propia violencia y cambiarlo. Es sorprendente cuántas personas maltratadas permanecen unidas a quienes las maltratan con el afán o la esperanza de cambiarlos. Así, la espiral de comportamientos destructivos y autodestructivos se eterniza. Creo que el modelo de Karpman es un tanto reducido, pues apunta solo a tres simples posiciones, pero por lo menos representa una superación del pensamiento dicotómico de buenos y malos.

A menudo, la violencia en la pareja sigue espirales y cadenas de sufrimiento relacional predeterminadas. Cuando ambos miembros de la pareja están tomados por la energía de muerte, es prácticamente imposible que haya bienestar en su vínculo. Esto demuestra que en el corazón de las personas existen trasfondos ignotos y dimensiones que trascienden la lógica binaria imperante: blanco y negro, perro y gato, correctos y equivocados, justos y abusadores.

Solemos ver la paja en el ojo ajeno, pero somos bastante incapaces de reconocer nuestra parte interna agresora, violenta, racista, machista o segregadora. Quizá, si no fuéramos reacios a ver y asumir nuestros defectos, estaríamos más dispuestos a reconocer que nosotros también estamos infectados por paradigmas dañinos. Entonces, también seríamos capaces de abordarlos sin tanto juicio moralista, entendiendo su trasfondo y sin herir a los demás.

¿Cuál es la actitud más beneficiosa en términos terapéuticos? Reconocer nuestras propias fallas y entender que también hay obstáculos en los demás que les impiden mirarnos con claridad y comprensión. Esto es lo que ayuda. Insistir en nuestra inocencia y culpar a otros es una forma de perpetuar la violencia. Y ya no hablo únicamente de la violencia entre hombres y mujeres, sino de toda la sociedad, pues la ceguera nos afecta a todos por igual.

El arte de amar

Creo que la ética de las constelaciones, así como de muchos otros abordajes terapéuticos propios del universo humanista y psicodinámico, va a contracorriente: mira la hondura de las personas, sus dinámicas y las pasiones en las que viven sumergidas. Y, por encima de todo, no juzga. Hemos hablado del amor-vínculo que surge con independencia de nuestra elección, como el vínculo con nuestros padres o entre el violento y el violentado. Incursionemos ahora brevemente en otra senda, una que habla del amor como construcción; un amor que se cuida y se hace crecer día a día.

Erich Fromm escribe: «Jamás encontrarás el amor de tu vida porque el amor no se encuentra, se construye». Fromm fue uno de los grandes pioneros de las terapias humanistas y sus libros son totalmente vigentes hoy en día. Fromm considera que el amor no se encuentra, sino que se va cociendo a través de la relación. Pone así el acento en que el amor no tiene que ver tanto con ser amado, sino con desarrollar la propia capacidad de amar. Nos invita, ante todo, a tener en cuenta lo que uno puede ofrecer en el amor, más que lo que uno puede recibir.

Fromm también decía que el amor no es tanto una relación con una persona específica, como una actitud, una orientación del carácter que determina el tipo de relación de una persona hacia el mundo como totalidad. Esto significa desligar el amor de la idea de pareja; aunque se esté solo, uno puede seguir practicando una actitud amorosa, de construcción del amor.

¿Cuál es el material básico del que está hecho el amor? El intercambio. Yo te doy una mirada, un abrazo, una atracción o un deseo. Te doy mi verdad de quién soy a cada momento. Así, el amor se va construyendo sobre el reconocimiento de las diferencias. Y aquí viene otra frase preciosa de Fromm: «Si dos personas que han sido extrañas [...] dejan de pronto que la pared que hay entre ellas se rompa para sentirse y descubrirse, esta será una de las experiencias más emocionantes de la vida».

Como afirmé en mi libro *El buen amor en la pareja*, después del enamoramiento, que es un «me mueves mucho, pero te veo poco», viene la relación. Y esta dice: «Bueno, ahora ya voy viendo mejor quién eres, solo que ya no me mueves tanto... Pero me mueves lo suficiente, y te elijo a ti». Así que construir una relación también es una elección. Te elijo sabiendo el precio que voy a pagar. Nada es gratis. El vínculo de pareja es uno de los que sí elegimos.

En una relación, siempre hay algo que no resulta fácil. Hay que construir, picar piedra, ser carpintero, fontanero, electricista y albañil. Siempre me ha gustado esta frase de Victor Hugo: «Una de las cosas más bonitas que le pueden ocurrir a un ser humano es que se le ame por sí mismo». Hugo añade: «Bueno, a pesar de sí mismo». Es tan bello que el otro pueda amarnos defectuosos como somos, y es tan bello cuando podemos amar al otro también en lo defectuoso.

Así que, cuando nos referimos al amor-relación, hablamos de algo que no cae del cielo, sino que tiene que ver con obrar, construir, amasar, regalar, reconocer, cruzarse, enojarse o reírse. El amor siempre está en construcción.

Los órdenes del amor

En el capítulo cuatro, he hablado de cómo Hellinger aplicaba los órdenes del amor, un concepto de san Agustín, al ámbito terapéutico y, específicamente, al ejercicio de las constelaciones. Pero los órdenes del amor nos ayudan también a comprender la naturaleza del amor y su práctica.

Tendemos a pensar que la vida nos pertenece, cuando probablemente es justo lo contrario: nosotros pertenecemos a la vida y esta, nos guste o no, tiene sus reglas. Decía Hellinger que la vida llena de dicha a quien, humildemente, recoge todo de aquellos que le precedieron, reconoce a sus anteriores y los coloca en su lugar. En cambio, faltar a los órdenes del amor acarrea sufrimiento.

Creo que lo que Hellinger quiso expresar con dichos órdenes es que con el amor no es suficiente. El amor no asegura por sí mismo la felicidad y el bienestar. Son muchos los padres que quieren a sus hijos, pero cuando las cosas no van bien entre ellos, los hijos suelen exhibir comportamientos problemáticos o destructivos. Son muchas las parejas que se aman y, sin embargo, su danza relacional es más tormentosa que nutritiva. Repito: el amor no basta, y esto es algo que la gente debería saber, sobre todo la gente joven que aún suscribe la idea popular de que el amor lo puede todo. El amor es potente, pero no omnipotente.

A veces, con la excusa del «yo te quiero», sostenemos o creamos situaciones de mucho malestar. «Para que el amor pueda desarrollarse en bienestar, se necesita un orden», dijo Hellinger. Él utilizaba la metáfora de que el amor es el agua y el orden es la vasija. El amor es el agua de un río y el orden es su cauce: no se desparrama ni se pierde.

Los órdenes del amor se fundamentan en tres necesidades fundamentales: la necesidad de vinculación y pertenencia, de ocupar el lugar correspondiente y de nutrición e intercambio equilibrado. Dice Hellinger que experimentamos estas tres necesidades con la fuerza del instinto, y que constantemente nos vemos expuestos a su poder. Y añade ese otro gran constelador que es Gunthard Weber: «En ellas se refleja y se cumple la necesidad fundamental de todo ser humano de relacionarse íntimamente con sus congéneres».

Incluir no significa perdonar

El primero de estos órdenes habla del derecho básico de inclusión o de pertenencia. En otras palabras: del derecho al vínculo. En un sistema, en un grupo, todos tienen igual derecho a pertenecer y a ocupar un lugar. El exilio es un castigo arcaico que el alma familiar penaliza. En realidad, según este orden del amor, todo lo que ha sido y es tiene derecho a ser, y todo tiene derecho a ser reconocido de la manera exacta que ha sido o es. Por supuesto, esta aceptación se fundamenta sobre una idea menos pasional y más existencial del amor.

Incluir no significa perdonar, ni aprobar, ni que tengan que gustarnos las cosas que una persona en particular, un padre o una madre, u otro cualquiera, haya hecho. Significa que, a pesar de los pesares y sin hacer juicios de méritos o culpas, reservamos a esta persona un lugar en nuestro corazón mediante el amor-vínculo y, en muchas ocasiones, incluso con el amor emocional. Cuando excluimos, por ejemplo, a la primera esposa del abuelo, que falleció prematuramente, no estamos considerando que, sin esta desgracia, nuestra abuela no hubiese tomado su lugar. Con su muerte, esa persona abrió nuevos caminos de vida. O cuando excluimos a las amantes de nuestro padre porque causaron mucho sufrimiento a nuestra madre, tal vez estemos soslayando el hecho de que no tenía mucha disponibilidad afectiva e íntima para su marido. Así funcionan los círculos y danzas de malestar.

En este último caso, si ignoramos la potencia de la mente sistémica y de la red de vínculos, quizá como terapeutas podríamos no percatarnos de que la hija de este padre se identifica con el rol de la amante. Inconscientemente, reivindica a las excluidas repitiendo su guion y tomando el lugar de la amante, pero no el de la pareja. O pensemos también en un hijo de esta misma pareja, que en la infancia tomó partido por la madre y se puso en contra de su padre, expulsándolo de su corazón, a él y a sus amantes. Este hijo, en lugar de respetar el derecho a la pertenencia, se entromete en la problemática de los padres y excluye. Quizá en el futuro, este hijo repita la conducta que tanto dolor le causó, sumando amantes.

Los movimientos del amor son muy sutiles y poco sujetos a las leyes de la racionalidad. Un niño se adhiere a su familia de origen sin cuestionarla, sin tener en cuenta los defectos o las peculiaridades de los padres, sin otro particular que el puro sentimiento de pertenencia. Reconoce a su familia como el lugar natural que le corresponde. Un niño estaría dispuesto a sacrificarlo todo, incluso la vida, por el amor que lo une a sus padres, como hemos visto al hablar del amor ciego. Como adultos, a menudo seguimos fijados en esa sensación de necesitar darlo todo por los padres.

Qué importante es, pues, recordar que el sacrificio ciego y la inautenticidad inherente al apego desmedido son una violación del orden amoroso, al igual que la excesiva aversión o la exclusión de cualquier miembro del sistema.

Restaurar un orden violentado

Recuerdo una película danesa titulada *Celebración*, de Thomas Vinterberg, que aborda, entre otras cosas, el derecho a pertenecer. La acción ocurre en una casa familiar donde un gran patriarca celebra su sexagésimo aniversario rodeado de hijos y amigos. En este escenario, uno de los hijos revela un terrible secreto: este patriarca tan querido por todos es en realidad un abusador que ha violado durante años a sus propios hijos. Hay una maniobra del padre para hacer pasar a este hijo por loco, excluirlo y tapar los abusos. Pero, al final de la película, la verdad se hace evidente, y entonces, surge también la posibilidad de que este padre sea reintegrado en el sistema. El reintegro que plantea la película, durísimo y sincero hasta la médula, está en total consonancia con el orden del amor relacionado con la necesidad de vinculación y pertenencia.

En mi libro *Dónde están las monedas*, hablo del efecto positivo de tomar lo que nos ofrecen los padres. Hay gente que me replica: «Si mi padre abusó de mí, ¿cómo puedo tomar esa moneda?». Pero tomar la moneda no significa estar contento con ellas, ni apreciarlas, ni siquiera aprobarlas. También significa dolerse, pues a veces hay monedas terribles y traumáticas; pero principalmente significa rendirse a las cosas tal como sucedieron, abrazar al yo náufrago y herido en nuestro interior, transformar grietas en luces, reconocer las heridas y permitir que el padre cargue con la responsabilidad y la culpa que le pertenece.

Cuando la familia, a veces ayudada por un terapeuta, puede abordar el desorden y el dañador es capaz de reconocer su culpa y su vergüenza por el sufrimiento infligido, algo se libera y reconcilia. Las víctimas, especialmente, quedan liberadas y su dignidad restaurada. Con un poco de suerte, dejan también de culparse y castigarse, conductas que, como hemos visto, son una forma de darle la razón a la persona que causó los daños. No se trata de negar nada, sino de admitir que reconocer la realidad tiene efectos favorables, y que hay un potencial de bondad y de amor que yace sepultado, esperando su oportunidad para manifestarse en la mayoría de las personas.

Al fin, el amor y el vínculo prevalecen a pesar de las heridas, y todo esfuerzo que realicemos para fomentar la paz en el amor y el vínculo redundará en beneficio para todos. Los niños siempre son inocentes, y algunos adultos deben esforzarse por reconocer el niño inocente dentro de sí mismos en lugar de cargarlo con culpas sin sentido.

En un taller, una mujer me dijo: «Cuando mis padres se separaron, estuve muchos años pensando que era una mala persona, porque di por hecho que la culpa de la separación era mía». Es un ejemplo de cómo nos situamos en lugares y tomamos responsabilidades que no nos corresponden. No es infrecuente ver este tipo de ideas en niños cuyos padres se han separado. Caemos en confusiones que nos complican la vida y el amor, y que en última instancia carecen de toda verdad.

Hace muchos años, solía asistir a mis talleres en Barcelona un hombre muy tímido que se sentaba siempre en silencio, en el mismo sitio, sin abrir la boca, sin pedir el lugar de consultante para plantear su asunto, ni tampoco el de representante. Guardaba silencio y observaba, generándome mucha curiosidad. Me preguntaba qué le movería, qué pasaría en su interior. Un día, ofrecí un taller en otra ciudad española y ahí estaba ese hombre. Me llamó la atención. Cuando pregunté quién deseaba trabajar, él levantó la mano. Inmediatamente, lo invité a salir y le pregunté por qué, habiendo asistido a varios talleres, nunca hasta ese momento había levantado la mano. «Me estaba preparando», me contestó.

A continuación, quise saber cuál era su asunto. «No veo a mi padre desde que tenía dos o tres años», me dijo. El padre se había ido cuando él era un niño. La constelación mostró una dinámica en la que él anhelaba salir al encuentro de su padre, pero cada vez que lo intentaba, su madre se mostraba muy enojada y él sentía culpa. Durante el trabajo, consiguió reunir la fuerza para salir a la búsqueda de su padre e integrarlo. Más tarde, me escribió y me contó: «Por fin he conocido a mi padre y he pasado la Navidad con él». No siempre es así, ni tan fácil ni con tan buenos resultados. No siempre se restablece una ilación continuada. Pero en este caso, el hombre no solo pudo integrarlo, sino establecer una relación con su padre que perduró en el tiempo.

La arrogación

Muchas de las dinámicas que se forjan en las familias tienen que ver con la arrogación. En constelaciones, hablamos de arrogación cuando un descendiente toma un rol, carga, derecho o responsabilidad que no le pertenece y se lo apropia. Un ejemplo claro es cuando un hijo toma el lugar del padre, actuando como si fuera el padre del padre, en una forma de parentalización, y ejerciendo autoridad ante sus hermanos cuando deberían pertenecer al mismo plano fraternal.

Toda arrogación ante los padres es en sí misma una *implicación sistémica*. En constelaciones familiares, se habla de implicación sistémica cuando una persona se ve involucrada en los asuntos de sus anteriores sin que sea consciente de ello y sin que, por supuesto, le corresponda ningún rol en tales asuntos, de los que por salud del sistema debería mantenerse al margen. Las implicaciones, según describe Hellinger, suelen producirse a partir de situaciones como la existencia de personas excluidas o que no son respetadas dentro del sistema familiar, personas que murieron prematuramente, abortos, destinos trágicos, culpabilidad por violación o abuso sexual, secretos o tabúes, privación de posesiones materiales, pérdidas de herencias, enfermedades físicas o emocionales graves, accidentes, conversión a otras religiones, hijos ilegítimos o no reconocidos, etcétera. Las consecuencias de las implicaciones sistémicas pueden ser tales como la repetición de destinos familiares, enfermedades, accidentes, muertes prematuras, síntomas de origen desconocido, adicciones, obsesiones, infertilidad, abortos y un largo etcétera. La plena salud, en cierto modo, consiste en tomar plenamente lo que nos ha sido dado en un gesto de humildad y de gratitud profunda.

Me viene una imagen de la película *Ciudadano Kane*, de Orson Welles. La vi por azar hace muchos años y me conmovió profundamente. En la primera escena de la película, el magnate de la prensa estadounidense Charles Foster Kane muere y una bola de cristal con un paisaje nevado cae de su mano mientras él pronuncia la palabra *Rosebud*. La película avanza y nos muestra la vida del personaje: la infancia marcada por la pobreza, el alcoholismo del padre, los éxitos profesionales, aunque de consecuencias devastadoras. Solo al final de la película se desvela el significado de la misteriosa palabra: es la marca del trineo que Kane tuvo de niño y con el que se deslizaba feliz por la nieve en la granja de sus padres.

La vida del ciudadano Kane consistió en un continuo alejarse de sí mismo, un esconderse tras la máscara del hombre narcisista poderoso que oculta su vulnerabilidad y ternura, una incapacidad de reconectarse con la humildad de tomar lo que sus padres fueron capaces de darle y abrirse al dolor. Kane se arrogó el papel de querer ser más grande que nadie y, de este modo, olvidó que la vida es más grande que uno mismo. Y que hay que inclinarse ante su voluntad.

La arrogación es una patología que rompe el segundo orden del amor y la necesidad de respetar el principio de jerarquía. Este tipo de dinámicas vulneran el principio ordenador de que aquellos que llegaron antes tienen prioridad sobre los que llegaron después, quebrantando así la perfecta geometría de los vínculos, según la cual cada uno debe estar en el lugar que le corresponde.

Cuando se reconoce que un abuelo es más grande que un padre, y una madre más grande que un hijo, estando cada uno en su buen lugar, se logran relaciones amorosas más plenas. Sin embargo, a veces no es fácil reconocer la grandeza de los anteriores. En ocasiones ocurre que nos enfocamos más en tratar de salvar a nuestros padres que en cultivar nuestra relación de pareja. O puede que en una pareja se ponga más énfasis y atención en el hijo que en la propia relación de pareja, lo cual puede convertirse en una carga para el pequeño, quien puede llegar a autopercibirse como el pegamento que mantiene unidos a los padres. Entonces, tal vez el hijo se crea mejor que su padre o que su madre e intente ocuparse de ellos de una manera que socave el orden en la jerarquía del sistema, tratando, por ejemplo, de paternarlos o de darles el maternaje que les faltó de niños.

Los posteriores deben reconocer la prioridad de los anteriores sin entrometerse en sus asuntos. Si mis padres sufrieron desdichas, las respeto sin necesidad de involucrarme para resolverlas, sabiendo que intervenir solo logrará complicar innecesariamente mi vida y comprometer mi felicidad. Es mejor respetar la realidad tal como fue, tal como es, y los sentimientos de los padres tal como son, sin pretender salvarlos de sus emociones negativas, sin tratar de erigirnos en salvadores de nuestros progenitores.

Los anteriores sienten el deseo espontáneo de que a los posteriores les vaya bien, de que los hijos salgan adelante en la vida, de que los nietos sean felices, de que todos los descendientes tengan una vida plena, feliz, realizada. Para ello, pueden contribuir tomando exactamente el lugar que les corresponde en el sistema: de padre si se es el padre; de madre si se es la madre. Esto implica también una igualdad de rango en la pareja: que ambos sean igualmente adultos, hombro con hombro en sus responsabilidades. Y también implica que los hijos estén en el lugar de hijos. Si en la infancia fuimos maltratados, abandonados, sometidos a violencias o menoscabados, lo que sana es adentrarse en esas heridas, curar los traumas sin olvidar que, de todas formas, nuestros padres siguen siendo quienes nos dieron la vida, el regalo más grande. Por ello, siempre merecen nuestra honra y respeto.

El hijo solo se siente bien cuando logra honrar a los padres, lo que significa transitar una buena y larga vida sobre la tierra. Para lograrlo, resulta de mucha ayuda dejar de insistir en que los padres sean distintos a como son o han sido. Además, es importante dejar de hacerse cargo de cualquier hecho luctuoso que los padres cometieran, pues la responsabilidad y culpa de un progenitor son exclusivamente suyas y nunca recaen sobre el hijo.

Dar y tomar

El tercer orden del amor nos recuerda que el amor consiste en atender y en cuidar el equilibrio entre el dar y el recibir en todas las relaciones humanas. Sin embargo, hay que diferenciar el intercambio entre iguales y adultos del intercambio entre los que no lo son. Este último, que es el que se da, por ejemplo, entre un padre y un hijo, es de naturaleza desequilibrada y así debe permanecer, al menos hasta que el niño llegue a la edad adulta y sea capaz de retornar a otros aquello que recibió y contribuir así al flujo de la vida. Con los padres se da el mayor de los desequilibrios: los padres dan y los hijos reciben. De los padres recibimos la vida, y esto no puede ser compensado de nuevo hacia ellos, sino hacia nuestros propios hijos, si los tenemos, o haciendo algo bueno en el mundo o para la humanidad. Lógicamente, esto no excluye que los hijos adultos atiendan y deseen cuidar de muchas maneras a sus padres en su vejez.

En el segundo tipo de intercambio, el que se da entre iguales, es importante ofrecer la compensación adecuada a cada paso. En una relación de pareja, es necesario que se establezca un contexto de igualdad en el que ambos den y reciban de una manera equilibrada. Cuanto mayor es el equilibrio en la dinámica del intercambio, más crece la relación. Por el contrario, si uno da mucho y el otro poco, si uno se niega a recibir o si uno toma sin ofrecer nada a cambio, el equilibrio se rompe. En estos casos es cuando aparecen los problemas, como la sensación de desnutrición afectiva o sentimientos de deuda imposibles de compensar.

Una fuente de salud en la vida adulta es el intercambio entre iguales de una manera nutritiva, generando un equilibrio positivo. Tomo lo que me dan, lo agradezco y surge en mí el deseo espontáneo de devolver, restaurar, contribuir. Así la relación crece y se retroalimenta. Este dar y recibir, sin embargo, también puede presentarse en su aspecto negativo: si te causo un daño, puedes sentir el deseo de causarme un daño aún mayor, creyendo tener el derecho de devolvérmela con creces. Cuando finalmente me hieres con intereses, experimento tal daño que me propongo infligirte un dolor tremendo y desgarrador. De esta manera, nuestra relación se ve arrastrada hacia una espiral destructiva que la llevará a su disolución.

Sentirse una víctima con derechos solo conduce a una mayor violencia. Para salir de esta dinámica y restituir la relación, es necesario un diálogo sanador en el que cada uno escuche del otro lo que le duele, y luego que la persona que ha sido dañada lo compense con otro daño, pero siempre menor que el recibido. Suelo poner el ejemplo de una pareja que salió a consultarme y, cuando pregunté qué asunto deseaban trabajar, ella miró a su compañero llena de un extraño orgullo y exclamó: «La infidelidad». El hombre, a su lado, se hacía cada vez más pequeño en la silla. Al parecer, él le había sido infiel y ella no lograba digerirlo. Para salir de aquella dinámica, les «condené» a que ella le causara un daño, pero no el de repetir la infidelidad a la inversa, que habría ahondado aún más el drama, sino un «daño» de otra naturaleza: que ella se fuese de vacaciones con su mejor amiga... llevándose en el bolso la tarjeta de crédito de él.

Presencia y poder personal

Con el tiempo me he dado cuenta de que no solo existen tres órdenes del amor, sino también un cuarto, y hasta un quinto y un sexto, como veremos en estos últimos pasajes del libro. Quebrantar cualquiera de estos órdenes da lugar a una serie de trastornos existenciales, como describí en mi libro *Decir sí a la vida*.

En primer lugar, encontramos los trastornos del asentimiento, que tienen que ver con una transgresión del primer orden del amor, el de la pertenencia e inclusión. Aparecen cuando persistimos en el «no» del corazón, y son la base y fuente de todos los demás trastornos existenciales.

A continuación, y derivados del primero, están los trastornos del lugar, que remiten al segundo orden del amor: el principio de jerarquía, que, al ser incumplido, generan desorden y desestabilización.

Finalmente, en tercer lugar, nos topamos con los trastornos de la necesidad, que afectan principalmente a los hijos. Ocurren cuando, durante la infancia, la satisfacción espontánea de lo necesario queda alterada, generando una sensación de carencia que luego cronifica la insatisfacción vital. El niño no logra satisfacer su necesidad de amor, amparo, cuidado, pertenencia, reconocimiento y crecimiento, y posteriormente trata de compensarlo por caminos tortuosos. Cuando no se experimenta a los padres en su sitio, como dadores, los hijos no pueden satisfacer sus necesidades primarias y aprenden con ello patrones de apego y de intercambio disfuncionales y manipulativos.

Sumados a todos estos trastornos, existen los trastornos de la presencia y el poder personal, los cuales nos impulsan a fabricarnos identidades egoicas, llenándonos de ideas sesgadas y bizarras. Nos falseamos, nos ausentamos de la realidad, perdemos nuestro centro, construimos un personaje y nos entregamos a él, perdiéndonos a nosotros mismos. Nos alienamos de tal modo, que nos saturamos de falsedad y de artificio. Recuperar la presencia y el poder personal es un ejercicio constante de asentir a lo que sentimos, pensamos y experimentamos, con una actitud inclusiva que reconcilia nuestras polaridades o disyuntivas. La presencia y el poder personal crecen cuando aceptamos todo lo que vive dentro de nosotros mismos.

He aquí, pues, un nuevo orden del amor, que podríamos considerar el cuarto: debemos respetar nuestra naturaleza y nuestra verdad, sea cual sea, pues esto nos prepara para el amor. Y también para la pareja, puesto que no podemos pretender entregarnos al amor de pareja falseados, disfrazados de algo que no somos, envueltos en los ropajes del ego. Solo podemos hacerlo de manera auténtica, desnudos como lo estaba el emperador del cuento de Andersen, quien, después de ser señalado por un inocente niño, quizá finalmente comprendió que su desnudez lo acercaba a sí mismo.

Existe aún otro trastorno que tiene que ver con las narrativas y la explicabilidad. Por narrativas me refiero a la manera en que construimos, explicamos y argumentamos nuestra realidad como una construcción relatada, estructurada cognitivamente para justificar y volver racional y previsible nuestra vida. Cuando perdemos nuestra presencia, cuando nos ausentamos del ser y nos toma nuestro ego o el personaje, nos atamos a ideologías, creencias y argumentos que nos convienen, pero que oscurecen nuestra existencia.

Los seres humanos vivimos una doble vida: la de la realidad y la del relato, que es la herramienta que media entre nosotros y los hechos, y que filtra la vida adecuándola a lo que nos es posible o nos conviene. A aquel que no encaja con estas narrativas, solemos tacharlo de «loco» o «anormal». A quien se adapta a ellas, lo consideramos amigo. El juicio y el prejuicio nos orientan.

Vivimos inmersos en relatos colectivos, sociales, políticos, económicos, familiares, los cuales, añadidos a los personales e íntimos, dibujan nuestra forma de vivir. Sin embargo, al mismo tiempo, estos relatos nos oprimen y nos condenan a un infradesarrollo de nuestro potencial humano. ¿Cómo sería liberarnos de ellos o sustituir nuestros ajados relatos por otros más contemplativos, que incluyan la realidad en lugar de alejarnos de ella, que no nos atrapen o nos mantengan pegados a fidelidades de clan? Nuestros malos relatos se caracterizan por la falta de amor y por las barreras que erigen entre nosotros y los demás. Los relatos disfuncionales separan.

Esto nos lleva al quinto orden del amor, aquel cuya práctica debería hacernos conscientes de que toda explicación no es más que un relato cuestionable, ya que tiende a deformar la realidad. Al mismo tiempo, este orden nos invita a flexibilizarnos, a aprender a tejer relatos inclusivos, respetuosos con los hechos y, sobre todo, fraternales. Más aún, este orden del amor representa incluso el espacio del no relato, de la mente contemplativa que trae paz y fraternidad: un más allá del bien y del mal que nos sitúa más allá también de la dualidad.

Para alcanzar este orden, debemos renunciar a las profecías que modelan nuestros relatos. Somos desgraciados con argumentos brillantes. Y somos adictos a nuestros puntos de vista. Pero toda narrativa es una ficción que a menudo nos aprisiona. Liberarnos significa ganar en presencia, en poder y en dignidad.

Bendícelo todo

No podría acabar este libro sin retornar al viaje de la vida, al encuentro con el sentido. «Bendícelo todo, sacralízalo todo, hazlo todo sagrado, porque nada lo es», decía el lama Chögyam Trungpa. De manera similar, podríamos decir: «Dale sentido a todo porque nada lo tiene». Desde una perspectiva puramente existencialista, que exista un dios determinista que organice nuestras vidas al milímetro no es ni mucho menos mejor o más deseable que la total inexistencia de dios y de un sentido en lo divino, ya que este escenario representa nuestra máxima libertad. En la ausencia de un dios determinista, los seres humanos tienen la capacidad de conferir sentido a lo que no lo tiene. Somos seres narrativos, damos sentido con nuestras historias y relatos, y en ocasiones creamos bellos mitos y leyendas que embellecen la vida con una poesía cercana al néctar de lo divino. Solo cercana, pues dicen que el genuino néctar no está hecho de palabras.

El trastorno del sentido tiene lugar cuando nos desconectamos de nuestra propia historia, de nuestra capacidad para crear sentido y, sobre todo, cuando nos desconectamos de nuestros ancestros. Si experimentamos conexión con el sistema familiar, es difícil perder el sentido y más fácil sobreponerse a los desafíos de la vida. Esta es la forma de espiritualidad más sencilla y aterrizada de la que disponemos: una conformidad amorosamente existencial con la vida tal como es, tal como la hemos recibido, y que nos lleva a sentir que la vida es buena y valiosa en todo momento, incluso cuando las cosas van mal.

Cuando se pierde el sentido, también se pierde el valor de la vida, lo que significa que ya no importa morir o matar. Se consuma, así, una caída existencial que tuvo sus inicios al oponerse a lo que la vida quiso, continuó con la pérdida del lugar, afectó al equilibrio entre el dar y el tomar, nos alejó de la presencia y del poder personal, generó relatos perjudiciales que nos cerraron a la vida y, por último, nos sumió en el nihilismo de la falta de sentido, donde las tramas de la vida ya solo nos parecen bromas infinitas.

«Sacralízalo todo, porque nada lo es», resuena en mi cabeza la voz del lama Trungpa. ¿Y si cultiváramos la presencia de lo sagrado en todo lo que hacemos? ¿Y si fuésemos capaces de encontrar el sentido último en la conexión con la trascendencia que reside más allá de uno mismo?

Casi todos tenemos la intuición de algo más grande, aunque prácticamente ninguno sepa qué forma tiene o de qué se trata. A veces me lo imagino como un latido omniabarcante, una anémona pulsante que nada en el océano cósmico, una danza celeste de millones de estrellas al ritmo de los eones. Podemos escuchar ese latido inclinando la cabeza hasta la altura del corazón de nuestro padre o de nuestra madre, quienes nos dieron el regalo de la vida. En conexión con ellos, experimentamos lo sagrado en su máximo esplendor y en su máxima simplicidad. Honrándolos, abriéndonos a aquello que los unió, a la sinfonía palpitante de la vida que nos trajeron, nos convertimos en los narradores de nuestra propia vida, tomando un camino propio y, a la vez, abierto al prójimo. Perseverar en el sentido es el sexto orden del amor.

Qué bien que podamos conectar con toda esa humilde grandeza mediante un pequeño y simple truco de magia (una magia totalmente inofensiva): el acto humilde de postrarse ante nuestros padres y decirles con voz tierna: «Vosotros sois los grandes. Gracias por la vida. Os amo».

BREVE EPÍLOGO

Una exhortación a la entrega y la presencia

> Era el mejor de los tiempos y el peor; la edad de la sabiduría y la de la tontería; la época de la fe y la época de la incredulidad; la estación de la Luz y la de las Tinieblas; era la primavera de la esperanza y el invierno de la desesperación: todo se nos ofrecía como nuestro y no teníamos absolutamente nada; íbamos todos derechos al cielo, todos nos precipitábamos en el infierno.
>
> CHARLES DICKENS

Me gusta pensar que estas páginas se han tejido con los retales psicológicos y con los hilos espirituales que nos mantienen unidos en el camino de la vida: con telas livianas que ofrecen calor en invierno y frescura en verano, ligereza para el baile de la vida y refugio ante el aliento de la muerte. Ciertas palabras tienen el tacto de la túnica de un monje, a prueba de grandes desgarrones y a la vez flexible, capaz de acompañarnos tanto en los momentos luminosos como en las oscuras ordalías, sirviendo tanto en la danza como en el arrullo y la quietud.

Escribo para acompañar, y, en cada frase, trato de no olvidar que siempre es el mejor de los tiempos y el peor: la estación de la Luz y de las Tinieblas. Así es la vida: placer y dolor, felicidad y tristeza, amor y miedo, todo a la vez y en todas partes, a veces unidos de manera inseparable, como hermanos siameses. No obstante, si conseguimos aceptar esta dualidad de la existencia, tal vez encontremos la puerta para integrarla y traspasar la dualidad: cuando aceptamos las reglas del juego, nos abrimos a la posibilidad de trascenderlo.

En este mundo, las tiranteces y luchas de la vida encuentran su resolución a través de su aceptación. La armonía oculta de la existencia siempre prevalece sobre las tensiones manifiestas de las cosas. Por esta razón, aunque las sociedades humanas parezcan irse a pique, un murmullo de esperanza resuena sutilmente en nuestros corazones cada vez que logramos mantenernos flexibles, abiertos y decir sí a la vida.

Aceptación, asentimiento, entrega son algunos de los mensajes principales de este libro. Nietzsche lo expresó con el concepto de *amor fati*, característico del superhombre, aquel que, ante la «muerte de Dios» (de la moral tradicional, de las ideologías), tiene la capacidad de mirar a la realidad cara a cara y encontrar solaz abrazándola, aunque su pecho estalle de dolor. El *amor fati* se puede afinar con el diapasón de la humildad, llevándolo más allá del yo personal, convirtiéndolo en una llave maestra de nuestro asentamiento en la vida espiritual. Y, por vida espiritual, entiendo un sentir y reconocer un lugar silencioso, a la vez que luminoso, en el centro de nuestro ser. No es el cuerpo, ni siquiera la mente. Es un centro que nos susurra: «Abrázalo todo, trata todo como si fuera sagrado, porque quizá nada lo sea, siéndolo».

Añadiría: abrázalos a todos, también son sagrados y te harán, y te harás con ellos, más feliz. Encuentra tu lugar en el mundo, en tu familia, en tus grupos de pertenencia y de referencia. Reconoce ese lugar, asúmelo y responsabilízate de tus acciones. Responde a cada momento con lo que la vida requiere de ti, a tu manera única, singular y peculiar, en un pleno gesto de autenticidad: sé un padre o madre disponible, un hijo agradecido, un hermano generoso y solidario, una pareja respetuosa, abierta y flexible, un amigo servicial y leal.

Si no lo logras siempre, no importa: sigue tu camino y coloca todo esto, igualmente, en tu horizonte de deseos. Dentro de ti, no les otorgues el poder a tus culpas o errores; únicamente, sostenlos con dignidad y, si aparece la ocasión, repáralos. Evita ponerte por encima o por debajo de nadie que sea igualmente adulto como tú, sin dejar de respetar los roles y funciones de cada quien, en cada contexto. Cultiva el pleno respeto hacia ti y hacia todos. Evita juzgar, condenar, salvar, perseguir, temer y asustar.

Toma y suelta, entrega y recibe, inspira y espira, despliega y repliega, en la simple alternancia de todo lo que vive. Acompaña con amor a los demás y, sobre todo, a ti mismo. No dejes de ser y de construir en tu interior una buena madre para ti, que te toma de la mano con dulzura tanto cuando tocas el cielo como cuando te precipitas al infierno. Mantente dulce, vulnerable, conectado, fuerte. Asume tus dones y no temas entregarlos a la vida. Sé agradecido con lo que la vida te ha dado, con lo recibido de tus padres y de tu familia: es justo y adecuado, aunque no siempre lo parezca, porque tal vez venga envuelto en vestiduras rasgadas y dolorosas.

Entrega lo que tienes, nutre y fertiliza; esto te salvará de una vida árida. No quieras ser distinto de como eres. Abrázate y ámate tal cual eres, sientes y vives, en todo momento, no importa si es la primavera de la esperanza o el invierno de la desesperación. Esto es autoestima: no consiste en ser perfecto, sino en ser real, y responsable.

No te engañes con cuentos e historias; vacía a menudo tu mente de palabras que te atrapan y te seducen mientras te comprimen y encarcelan. Ninguna verdad se halla en un relato, una creencia o una ideología. Todo ello te separa de los demás y de tu ser, son toxinas para el corazón. Sin embargo, cuando te alejes en exceso del silencio de tu ser, procura que tus ideas y creencias contengan al menos amor y apertura a lo ajeno, que busquen paz y reconciliación. Aléjate de querer tener razón y huye de los falsos derechos que te concede el sentirte indignado y mejor, o más justo que los demás.

Cultiva tu presencia y trata de hacer el bien y de ser mejor persona cada día, pero no dejes de acometer los pequeños pecados necesarios para saberte un humano más, un miembro cualquiera de la inmensa fraternidad humana. Ábrete a tu verdad, y también a tus torpezas. Conócete a ti mismo y conocerás a los dioses, como prescribió el oráculo.

Ahonda en el sentido de cada amanecer y cada atardecer que te es concedido como regalos espaciales para cada uno de tus días bajo el sol. No desesperes ante la negrura y la tempestad. Pasarán. Alégrate de vivir ahora y de morir cuando llegue la hora. Así, estarás cumpliendo con la vida y forjarás una vida cumplida.

Amén.